Die Evolution kassiert die Kriegskultur

helder yurén

Die Evolution kassiert die Kriegskultur

Fällige Bemerkungen zum Begriff und
Gesetz der Weltgeschichte

www.weltwissen.com

Herstellung und Verlag: Books on Demand GmbH, Norderstedt

Bibliografische Information Der Deutschen Bibliothek:

Die Deutsche Bibliothek verzeichnet diese Publikation in der
Deutschen Nationalbibliografie; detaillierte bibliografische
Daten sind im Internet über http://dnb.ddb.de abrufbar
ISBN 3-8334-1807-9

Inhalt

Vorwort

In Mittel-Europa gibt es außer sattsam bekannten ein Defizit, das nur Insider kennen: die Wissenslücke Weltgeschichte. Im Lehrplan der Schulen und Universitäten gilt für die höchste Ebene der historischen Wissenschaft, die Universalgeschichte: Fehlanzeige. Das wissen die Verantwortlichen. Es stört sie aber nicht. Sie haben den berühmten Mut zur Lücke.

Wenn aber doch mal ein Buch über die Weltgeschichte erscheint, ist es mit an Sicherheit grenzender Wahrscheinlichkeit ein alter Hut oder aber das Werk eines Außenseiters/einer Außenseiterin wie etwa *Jenseits der Macht* von Marilyn French.

Auch dieses Buch hier hat kein Schulhistoriker verfasst. Insofern wird es nicht verwundern, dass es im ersten Hauptteil mit der traditionellen Geschichtsschreibung abrechnet, im 2ten den Beginn der „Zivilisation" als „Fortschritt" zur Erniedrigung der Menschheit darstellt, hingegen im folgenden Hauptteil die „Urgesellschaft" ins rechte Licht rückt und schließlich im 4ten Hauptteil die „Aufklärung" aus der Enge des tradierten Begriffs befreit.

Kapitel 2 und 4 markieren das A und O der staatlichen Ära, die, generell als „Zivilisation" oder „Hochkultur" glorifiziert, doch in Wirklichkeit das Zeitalter der Kriegskultur ist.

Ethische Fragen spielen In diesem Buch eine für das Genre ungewohnt große Rolle und bedeuten in der Welt der Geschichtler so etwas wie eine Kontinentalverschiebung. Verstärkt wird die Störung des vertrauten Bildes der Geschichte noch durch das Hervorheben der Gesetze, die den Lauf der Welt bestimmen und aktuell das Ende der staatlichen Ära absehbar erscheinen lassen.

1 Abraum oder Kritik der Historik

1.1 Allgemein

Auf dem Weltkongress der Historiker vor 3 Jahren in Oslo stand die Grundsatzfrage auf der Agenda: Ist es möglich, eine Universalgeschichte zu schreiben? Die Mehrheit der Delegierten bejahte die Frage. Doch ein Votum ist kein Beweis. Angesichts der existenten Geschichtsschreibung ist das Abstimmungsergebnis unter den Leuten vom Fach dennoch bemerkenswert.

An deutschen Hochschulen haben die Studierenden nicht die Möglichkeit, die Universalgeschichte zu ihrem Studienschwerpunkt zu machen. Die gewöhnliche Wahl ist hier die zwischen „alter, mittelalterlicher und neuzeitlicher Geschichte", wobei die Ur- und Frühgeschichte methodisch und organisatorisch außen vor bleiben.

Die universalhistorische Lücke ist schon im Schulunterricht die Regel. In den USA sieht es etwas besser aus. Dort boomt die Teildisziplin der Geschichtswissenschaft seit einigen Jahren geradezu.

Als Gründe für die Abstinenz der Europäer seit Toynbee werden gewöhnlich die unausweichlichen Differenzierungen in der Wissenschaft genannt. Ein Vergleich der beiden Bildungsfächer Geographie und Geschichte macht aber deutlich, dass noch andere Faktoren eine Rolle spielen.

Während progressive Geometer wie der Grieche Eudoxos schon vor etwa 2400 Jahren die Kugelgestalt der Erde kannten, wenig später auch ziemlich genau berechneten und überdies zumindest ihre eigene mediterrane Weltregion in geographisch ordentlichen Proportionen zeichneten, ist die Universalgeschichte bis heute eine fragwürdige Sache geblieben. Ein Versuchsfeld für Philosophen und Theologen. Und für Schriftsteller wie Däniken. Aber bisher gibt es neben allerlei Histörchen nur dubiose Versuche, die ganze Geschichte zu fassen.

Als vor wenigen Jahrzehnten durch Luft- und Satelliten-Aufnahmen die letzten weißen Flecken von der Weltkarte verschwanden, ließ das Geschichtsbild noch sehr viel zu wünschen übrig. Trotz Geschichtswissenschaft, Anthropologie, Ethnologie, Archäologie und Paläontologie ist es noch weit entfernt von der Erkenntnis der Grobstruktur der Weltgeschichte. Nicht einmal der Anfang der Menschwerdung ist bisher einigermaßen eingegrenzt. Ganze Jahrzehntausende, Jahrhunderttausende dämmern wie unentdeckte Kontinente im Ozean der Zeit.

Die Überfülle der Fakten aus der jüngeren und jüngsten Vergangenheit ändert nichts am desaströsen Erscheinungsbild der Universalgeschichte.

Man könnte zur Erklärung auf die Schwierigkeiten des Augentiers Homo sapiens in der Nacht der Vergangenheit verweisen. Die Zeit ist kein Film, der sich nach Belieben zurückspulen lässt.

Zumindest ebenso bedeutsam für die Misere der Geschichtsschreibung ist die massive Einmischung der jeweils Herrschenden.

Die hoheitlichen Auftraggeber und Kontroll-Instanzen hatten und haben von der wahrheitsgemäßen Erhellung der Vergangenheit keine Vorteile zu erwarten, Nachteile allerdings. Die Gräueltaten der Wahn & Gewalt-Eliten mussten und müssen nach Möglichkeit verschwiegen, zurechtgebogen und verwischt werden. Einsichten in die ganze Geschichte der Menschheit passen vor allem den Wahn-Eliten nicht in den Kram. Die alten Mythen sind ihnen heilig.

Die Gegenrede, heute sei die Geschichtswissenschaft doch längst eine allgemein anerkannte akademische Disziplin, die strikt wissenschaftlich arbeite, tut nichts zur Sache. Auch die Literaturwissenschaft wird allenthalben mit Ernst und Eifer betrieben und erfreut sich allseitiger Akzeptanz. Nicht anders die Rechtswissenschaft.

Ein Hochschullehrer dieser Disziplin hat sich den Ruf erworben, ein Befürworter der Folter zu sein. Wenngleich der Jurist damit offen gegen die Verfassung der BRD verstößt, ist er weiterhin in Amt und Würden. Die so genannte Freiheit der Forschung muss für allerhand herhalten. Und was nennt sich nicht alles Wissenschaft?

Noch immer werden überall in der Welt unterschiedliche Geschichten erzählt, die sich nicht zur Universalgeschichte zusammenfügen. Sie führen ein Eigenleben wie die streng wissenschaftlichen, aber ebenfalls zusammenhanglosen Einzeluntersuchungen. Bei aller Anerkennung für einzelne dieser Arbeiten ist die Historie, die sich als Geisteswissenschaft versteht, zu oft eher eine Geisterwissenschaft, das heißt, eine schlecht kaschierte Indoktrinationsübung zur Aufrechterhaltung inhumaner Denk- und Lebensgewohnheiten.

1.2 Exemplarisch

1.2.1 *Morphologie der Weltgeschichte*

Der bekannteste Versuch, die Historie umzuschreiben, ist vor über 80 Jahren von Oswald Spengler unternommen worden. Seine „Umrisse einer Morphologie der Weltgeschichte" versprachen etwas Neues. Aber die wissenschaftlich anmutende Morphologie stand nur im Untertitel, darüber in fetten Lettern das Köderwort vom *Untergang des Abendlandes*, das aufs Zeitgefühl zielte und traf. Neues aber sucht man vergebens in dem Buch.

Zugegeben, die Aufgabe ist nicht einfach. Es ist keine Schande, vor der *Nacht der Schatten* (G. Vico) zu versagen.

Formal schlägt Spengler einen dritten Weg vor: neben der Alternative aus christlicher oder marxistischer Geschichtsauffassung. Inhaltlich bringt er aber wie gesagt nichts Neues. Das hat ihm, zuletzt von Rolf Hochhuth, erboste Kritik eingetragen. Übrig bleibt die Frage, welcher Vorwurf schwerer wiegt: derjenige der Unredlichkeit oder aber der der Unwissenschaftlichkeit.

Nach dem Ende des Kriegs und des Kaiserreichs traf *Der Untergang des Abendlandes* den Nerv der Zeit, besonders in Deutschland. Die Menschen verlangten nach dem bis dato blutigsten aller Kriege Erklärungen, Antworten auf die Fragen im unaufgeräumten Europa. Spenglers Hauptwerk reizte die Orientierungsuchenden und wurde zum Bestseller.

Der Autor mit dem „neuen Blick ... auf die Geschichte" überzeugte vor allem durch den herrischen Ton, an den die Deutschen gewöhnt waren, blendete aber auch durch die ungewohnte Fülle des Wissens, das den Rahmen mittel-europäischer Bildung sprengte.

Spengler nutzte das gleisnerische Licht des Propheten, in das er sich stellte, um seinen LeserInnen etwas vorzugaukeln. Ein alter Hochstaplertrick, den er den Schneidern in Andersens Märchen *Des Kaisers neue Kleider* abgeschaut haben könnte. Der Seher vom herzynischen Blocksberg berief sich auf Goethes „göttlichen Blick" und redete sich und seinem Publikum ein, nur gewisse, dazu geborene Menschen vermöchten sein vollkommen neues Geistesgespinst in seiner „ungeheuren Tragweite" voll zu erfassen. Der vormalige Kurzzeit-Oberlehrer konnte sich gar nicht genugtun, die hohen Anforderungen auszumalen, die er an die Betrachter seiner Weltgeschichte stellte.

In der *Einleitung* verstieg er sich zu dem Satz:

„Man begreift, welcher Erweiterung und Vertiefung die abendländische Weltkritik fähig ist und was alles über den harmlosen Relativismus Nietzsches und seiner Generation hinaus in den Kreis der Betrachtung gezogen, welche Feinheit des Formgefühls, welcher Grad von Psychologie, welche Entsagung und Unabhängigkeit von praktischen Interessen, welche Unumschränktheit des Horizonts erreicht werden muß, bevor man sagen darf, man habe die Weltgeschichte, die Welt als Geschichte, verstanden."

Man begreift, wie viele LeserInnen, stumm vor Bewunderung des Genies, sich innerlich duckten, aus Furcht, den Anforderungen nicht ganz zu genügen und vom gestrengen Blick des Meisters getroffen und ertappt zu werden.

Wenn doch noch irgendjemand gewähnt haben sollte, dem Herrn mit der „Unumschränktheit des Horizonts" bis zur äußersten „Höhe der Betrachtung" folgen zu können, wurde sie oder er unweigerlich durch die nächste Drehung der Anspruchsschraube zur Schnecke gemacht.

Die wahren Denker, bekamen sie zum Beispiel zu hören, seien zugleich fähige Lenker im wirklichen Leben gewesen, von Pythagoras bis zum unvermeidlichen Goethe.

„Hobbes hat den Ruhm, ein Mitbegründer des englischen Kolonialreiches zu sein." Und Leibniz, „der mächtigste Geist in der europäischen Philosophie" - hätte wahrhaftig beinahe mit seiner Denkschrift an den französischen König Weltpolitik gemacht.

Die meisten LeserInnen lagen mittlerweile platt vor Ehrfurcht im Staub, ahnten sie doch nicht die dreiste Hochstapelei seiner Exzellenz, die gerade mal 3 Jahre in den Schuldienst zu Hamburg hineingeschnuppert hatte, mitnichten aber ein Ministeramt wie der Geheime Rat aus Weimar bekleidet oder einen Managerposten ergattert hatte, aber eben darum in dem zupackenden Imperialisten Cecil Rhodes Vorbildliches und Zukunftweisendes erblickte.

Der Schreibtischtäter triumphierte. Er hatte, was er wollte. Das Publikum unterwarf sich seinem Diktat.

Die viel gerühmte Weltoffenheit Spenglers, seine Unumschränktheit des Horizonts, war die Offenheit des Imperialisten. Wie einer der *Neuen Herrscher der Welt* (J.Ziegler) jetzt tönte er schon damals „aus zeitloser Höhe" : „Wir denken heute in Erdteilen."

Schulhistoriker tun das noch immer nicht. Deshalb nützte seine berechtigte Kritik am „Phantom Weltgeschichte" nichts. „ ... die uns längst zur Gewohnheit gewordene ungeheure optische Täuschung, wonach in der Ferne die Geschichte von Jahrtausenden wie die Chinas und Ägyptens episodenhaft zusammenschrumpft, während in der Nähe des eigenen Standortes, seit Luther und besonders seit Napoleon, die Jahrzehnte gespensterhaft anschwellen."

Was für eine seltsame Weltoffenheit Spengler meinte, zeigt sich an seiner Ablehnung des Begriffs Menschheit. Das war für ihn nur „ein zoologischer Begriff oder ein leeres Wort". Darin einig mit Goethe, den er oft zitiert und auf den er sich insgesamt beruft. Die Gedanken Diderots und der „Aufklärung" waren ihm fremd.

14

Über die „guten Staatsbürger" und „schlechten Menschen" schrieb der Herausgeber der *Encyclopédie* schon anderthalb Jahrhunderte vor Spengler: „Das Wort Menschheit, so scheint es, ist für sie ein sinnloses Wort."

Wem aber „die Menschheit" nur „ein sinnloses Wort" ist, für den hat auch die Geschichte der Menschheit keine Bedeutung; an ihre Stelle setzt er die kommunikationslosen Kulturen: „Diese Kulturen, Lebewesen höchsten Ranges, wachsen in einer erhabenen Zwecklosigkeit auf wie die Blumen auf dem Felde."

Im Vorwort zur 33. - 47. Auflage nannte Spengler sein Werk „eine deutsche Philosophie" und „eine Philosophie des Schicksals". Auf Wissenschaftlichkeit oder Wahrscheinlichkeit erhob er keinen Anspruch. Allgemeingültigkeit gab es für ihn nicht. Er bestand auf seiner Wahrheit, die, so der Erfinder dieser Wahrheit, nur zu seiner Zeit und in seinem Kulturkreis galt. Der Mann war durch und durch Relativist. Ein Vordenker der Pluralisten aller Couleur von heute.

Dass die Generation der Kaiser- und Kriegsdeutschen auf das Angebot einer rückwärtsromantischen Geschichts- und Weltdeutung massenweise hereinfiel, überrascht nicht; dass aber eine Taschenbuch-Neuauflage der blumigen Weltgeschichte vor 32 Jahren (11.972d) binnen kurzem zigtausendmal verkauft wurde, sollte zu denken geben.

Kann es denn sein, dass 50.000 Studierende das Werk nur studienhalber erwarben? Oder traten noch immer so viele (historisch und gesellschaftlich orientierungslos wie ihre Elterngeneration) auf der Stelle?

Gleich auf der dritten Seite der *Einleitung* dekoriert Spengler den Preußenkönig Friedrich 2 mit dem bekannten Zwerghistoriker-Orden. Die LeserInnen mussten also keine Propheten sein, um nach dieser unmissverständlichen Geste kein neues Geschichtsbild zu erwarten, vielmehr bloß Altbekanntes: Personenkult und Gewaltverherrlichung, kurz: Wahn und Gewalt.

Was die LeserInnen auf den ersten 3 Seiten noch nicht ahnen konnten, war das System, das Spengler ersonnen hatte, ein Konglomerat disparatester Souvenirs von der globalen Kirmes, das geeignet war, den frustrierten Militaristen in Preußen-Deutschland Balsam auf die Wunden zu träufeln und zugleich die aufgestaute Zerstörungswut mit metaphysischen Weihen zu segnen.

Sloterdijk findet es bemerkenswert, dass Napoleon 1 im *Untergang des Abendlandes* etwa 40-mal erwähnt wird. Jemand anders will ermittelt haben, dass 27-mal Marx oder Marxismus im Text erscheint. Aber weder der eine noch der andere hat sich die Mühe gemacht, die Substantive mit der Endung -tum zu zählen. Dabei wäre diese Statistik weit lohnender gewesen. Neben gängigen Wörtern mit klaren Sinnkonturen bei überschaubarem Schattenwurf wie Eigentum oder Wachstum fallen numinos aufgeladene Vokabeln auf wie etwa Seelentum, Russentum und Menschentum. Wer beim Lesen nicht über solch tümelndes Deutsch stolpert, auch bei dem Ausspruch, Geschichte sei „Ausdruck, Zeichen, formgewordenes Seelentum", nicht stutzig wird, hat (siehe PISA-Studie) wahrscheinlich nie lesen gelernt.

Es kann ja auch sein, dass junge Leute vor einer Generation auf Spenglers Wälzer zurückgriffen, weil sie Alternativen zum offensichtlich verlogenen Schulbuch-Geschichtsbild suchten. Geschichtsunterricht in Europa und wahrscheinlich auch auf allen anderen Kontinenten ist ja praktisch nie über das Vorschulniveau der Heimatkunde hinaus gediehen. Spengler versprach die *Umrisse einer Morphologie der Weltgeschichte*, hielt aber nicht Wort. In seiner „Geschichte des höhern Menschentums", das heißt, der „Zivilisation", unterschied er 8 Kulturen gleichen Rangs und gleicher Natur, die „wie die Blumen auf dem Felde" mal hier mal da „in einer erhabenen Zwecklosigkeit" aufblühen und verwelken in einem immer gleichen Vegetationszyklus von 1000 Jahren.

Keine halbwegs gescheiten LeserInnen hätten ihm das abnehmen dürfen. Sie wussten doch, dass etwa die alt-ägyptische Kultur wesentlich langlebiger war. An dieser Stelle zeigt sich, was für mythologischen Ballast Spengler in seiner Philosophie mitschleppt. Der Chiliasmus oder Millenarismus genannte Glaube an ein Tausendjähriges Reich christlicher Gruppen früherer Jahrhunderte und der noch ältere Zauber der Zahlen verleiteten den Mathematiker Spengler zu derart unwissenschaftlichen, aber gerade darum publikumswirksamen Thesen.

Der tollste Dreh der Kulturen-Karussell-Theorie war allerdings die überraschende Auskunft, allein die untergehende abendländische Kultur sei noch am Leben, die andern 7 Kulturen aber seien allesamt entweder längst abgestorben oder ausnahmsweise noch im Entstehen begriffen. So drehte sich dann nach 1000 und mehr Seiten Kulturenschau doch alle Welt wieder um das Abendland im Zentrum. Laut Spenglers „unbedingter Freiheit des Blickes" keine bewusste oder unbewusste Manipulation, sondern Fügung des Schicksals. Wie Altmeister Hegel mit dem Weltgeist, verstand sich der neue Meister bestens mit dem Schicksal. Und die deutsche Meute heulte vor Freude über diese Schaumschlägerei. Das Schicksal hatte es aber auch zu gut gemeint mit ihnen und die Weltgeschichte so eingerichtet, dass untergehende Kulturen unausweichlich „römisch" oder „preußisch" sind, das heißt, militaristisch oder bellizistisch. Damit die Gewalt nicht des Wahns entbehrte, verlangte der Seher mit der „Unumschränktheit des Horizonts", dass man die Schicksalsfügung annehmen solle, da Widerstand gegen das Fatum per se zum Scheitern verurteilt sei.

Spengler trug für viele seiner Zeitgenossen die passende interessante Brille. Ein Mann vom Fach war er nicht. Um das zu erkennen, braucht man nur den ersten Satz der *Einleitung* zu lesen: „In diesem Buche wird zum ersten Mal der Versuch gewagt, Geschichte vorauszubestimmen."

Nun wollte Spengler ja auch gar kein Historiker sein, noch weniger ein Fachidiot, sondern Philosoph, der für „die Welt als Geschichte" oder alles zuständig ist, auch für die Zukunft. Wenn er wirklich eine geschichtliche Gesetzmäßigkeit entdeckt hätte, wenn seine Theorie der Welt-Kulturen den tatsächlichen Gang der Geschichte auf den Begriff gebracht hätte, wäre seine gewagte Vorausbestimmung der Geschichte die Nagelprobe für die Wahrheit seiner Deutung gewesen. Aber der Schicksalsphilosoph brauchte überhaupt keine Beweise. Da stand er drüber mit dem „göttlichen Blick".

Georg Lukács hatte Spenglers Untergangssaga scharf attackiert. Für den Sozialisten von Format war Der *Untergang des Abendlandes* schlicht eine Zumutung. Das hätte die maßlose Überhöhung partieller Vergleichbarkeiten zum Weltanschauungskitsch für alle kritischen LeserInnen sein müssen. Aber an denen hat es wohl schon immer gefehlt.

Der Punkt auf der Linie *Von Nietzsche zu Hitler* ist durch Lukács unfehlbar geortet worden. Das Ärgernis bleibt, dass nicht einmal die Lese-Nachhilfe der mangelnden Einsicht auf die Beine helfen konnte. Und auch nach dem Schaden ist man nicht klüger geworden. Siehe die erfolgreiche Neuauflage.

1.2.2 *A Study of History*

Arnold Toynbee, kaum ein Jahrzehnt jünger als Spengler, wurde die Historikerkarriere in die Wiege gelegt. „My mother was an historian ... "
Bei Kriegsbeginn lehrte er an der Universität Oxford Geschichte. Nach dem Krieg las er Spenglers Hauptwerk und begann sein Lebenswerk: *A Study of History.* In 12 Bänden differenzierte er den Vergleich der Kulturen aus. Das biologistische Blumenmodell einschließlich der auf magische 1000 Jahre festgelegten Lebensdauer einer jeden Kultur lehnte er allerdings ab.
„Lassen Sie mich zuerst sagen, daß ich die größte Bewunderung für Spengler habe. Ich glaube, er ist ein Genie und irgendwie einzigartig. Der fundamentale Unterschied unserer Auffassungen liegt darin – und ich zögere vor einem so großen Mann, das zu sagen - , daß ich seinen biologischen Maßstäben für die Kulturen nicht zustimmen kann." Toynbee in einem Fernsehgespräch vor 35 Jahren (11.969d) in Hamburg.
Natürlich hat es der namhafte Historiker weit von sich gewiesen, so an die Untersuchung der Geschichte zu gehen, wie es zu seiner Zeit üblich war: aus nationalem Interesse und entsprechender Perspektive. Er sah das Bild der Geschichte als einen Archipel der Kulturen. Sein Ziel war der historische Vergleich der 20 bis 30 civilizations, die er unterschied.
Wie sein Freund Russell hat Toynbee davor gewarnt, die Menschheit habe keine Zukunft, solange sie nicht

den Zustand „politischer Anarchie" der seinerzeit 170 unabhängigen Staaten überwinde.

„Der häufigste Staatentyp ist der unabhängige Regionalstaat. Es gibt etwa hundertsiebzig davon in der gegenwärtigen Ökumene; und ihre politische Struktur ist dieselbe wie die von Sumer im dritten Jahrtausend v.Chr."

„Wo und wann immer Regionalstaaten nebeneinander bestanden, haben sie Kriege geführt und versucht, sich ihre Nachbarn einzuverleiben."

Toynbee sah die Gefahren, konnte aber nur ausnahmsweise über den eigenen Schatten springen. So forderte er zu Recht die vereinigte Menschheit, arbeitete aber jahrzehntelang fürs britische Außenministerium und blieb auch theoretisch hinter seiner eigenen Forderung zurück, indem er die Einheit der „Zivilisation" in zig civilizations zerstückelte, obgleich er wusste, dass die politischen Strukturen seit 5000 Jahren innerstaatlich und nach außen hin die gleichen geblieben sind, er mithin die Einheit der „Zivilisation" erkannt hatte.

Für seine Arbeit als Historiker sah er das Problem, dass der durch die Heimat-Koordinaten festgelegte Blickwinkel die Sicht auf die Ereignisse einschränke und das Bild der Weltgeschichte „in ihren wahren Proportionen" beeinträchtige, wo nicht gar verhindere.

Toynbees Haupthindernis, sich aus der Klemme der Kultur zu befreien, war seine Ansicht, eine jede Kultur sei überhaupt nur spirituell zu fassen. In einem derartigen Bekenntnis verrät sich der Geisteswissenschaftler als Geisterwissenschaftler und der fließende Übergang von der geisteswissenschaftlich betriebenen Historie zur Ideologie und Mythologie.

Spengler und Toynbee verblieben bei mancher Differenz im Detail dennoch reichlich Gemeinsamkeiten. Bemerkenswert ist die Übereinstimmung besonders bei Fragen, die sie gar nicht erst stellten.

Zum Beispiel war die europäische Chronologie für beide eine Selbstverständlichkeit, gleichfalls das Axiom der Einmaligkeit, und nicht zuletzt hielten sie fest am Primat der geschriebenen Geschichte, folglich auch an der Auffassung, Geschichte sei zuerst eine Text- und Geisteswissenschaft und habe sich zu konzentrieren auf höchstens 1 Prozent der Menschheitsgeschichte, eben „die Geschichte des höhern Menschentums".

Toynbee verschaffte dem Spenglerismus wissenschaftliche Reputation, jedenfalls in der westlichen Historikerzunft.

Samuel Huntington nutzte dieses Ansehen für einen letzten Aufguss der schicksalsschwangeren Geschichtlerei und prophezeite vor 8 Jahren ganz im Stil der „vorausbestimmten Geschichte" für das kommende Jahrhundert den Krieg der Kulturen.

Nach dem Zusammenbruch der Sowjetunion waren die lange gepflegten Feindbilder obsolet geworden. Der Verkaufserfolg von *The Clash of Civilizations* ist unter anderem ein Zeichen der Dankbarkeit der Desorientierten wie seinerzeit bei Spenglers Kassenschlager. Natürlich auch eine Anweisung zu neuen Frontlinien wie seinerzeit bei Spengler.

1.2.3 *dtv-Atlas zur Weltgeschichte*

Eine Millionen-Auflage muss nicht immer sensationell und grell mit Medienblitz und -donner daherkommen und Aufmerksamkeit erzwingen. Sie kann auch ganz leise, sozusagen schleichend auflaufen.

Ein Beispiel dieses Typs ist der *dtv-Atlas der Weltgeschichte*, von dem in 4 Dezennien und zig Auflagen weit über 2 Millionen Exemplare gedruckt wurden; durch den infolgedessen Generationen von SchülerInnen und Studierenden ein bewährtes Geschichtsbild kennen lernten.

Die Proportionen dieser Weltgeschichte in der Grobpeilung nach Seitenzahlen beschönigen nichts. Mit 10 von 600 Seiten wird die Ur- und Frühgeschichte abgefertigt, mit 20 Seiten die so genannten Hochkulturen, davon bleiben 4, buchstäblich vier Seiten für das Alte Ägypten übrig. Europa aber ist mit 450 Seiten vertreten, dreimal so stark wie „der Rest der Welt".

Nach dem Verständnis der Verfasser hieß das: „Die bisher noch immer übliche europabezogene Sicht der Geschichte wurde durch universalhistorische Aspekte erweitert."

Kurz: Die primitive perspektivische Verkleinerung des räumlich und zeitlich Fernen bei entsprechender Vergrößerung des geographisch und historisch Nahen ist das Markenzeichen dieser Weltgeschichte.

Das Heimatkundliche, das Altbewährte zeigt sich nicht nur in den Proportionen, auch sonst trifft man auf längst Vertrautes, zum Beispiel in der Terminologie.

„Altertum – Mittelalter – Neuzeit", höhnte Spengler at his best vor über 80 Jahren, „das ist das unglaubwürdig dürftige und sinnlose Schema."

Es ist anzunehmen, dass sich das Verdikt Spenglers und anderer inzwischen herumgesprochen hat. Im Vorwort des dtv-Atlas steht jedenfalls vorsorglich: „Bei der Auswahl der Fakten haben wir uns nicht von einem bestimmten Geschichtsbild leiten lassen, sondern wollten versuchen, einen möglichst objektiven Überblick zu geben."

Ganz objektiv: Es ist beim Versuch geblieben. Die Herren Verfasser üben nach altem Brauch den Dreisprung durch die Weltgeschichte. Die irrationale Vorliebe für die magische Dreizahl, die Ordnung und Übersicht nur vortäuscht, beherrscht diese Weltgeschichte und macht aus ihr ein Spiegelkabinett der Triaden. Das von Spengler verhöhnte Schema Altertum – Mittelalter – Neuzeit, selbst dreiteilig, wird quadriert neunteilig, denn wie im Menschenleben muss jede Periode natürlich eine Frühphase oder Kindheit, dann eine Reifephase oder das Erwachsensein durchlaufen, um schließlich in einer Spätphase oder im Alter zu enden. Das Schema ist so natürlich, dass es nicht halt macht, bevor nicht jede Schublade ihre 3 Fächer hat. Die altägyptische Geschichte ebenso wie die Steinzeit und noch einmal deren 3 Abteilungen Alt-, Mittel- und Jungsteinzeit.

Die Autoren des dtv-Atlas haben die unwissenschaftliche Periodisierung nicht erfunden; sie haben sie aber unkritisch durchgereicht.

Im Titel *Atlas* und im Untertitel *Karten* kündigt sich der nächste wunde Punkt dieser Weltgeschichte bereits an: die Fixierung auf Karten. Damit ist die einseitige Darstellung der Geschichte als Herrschaftsgeschichte programmiert.

Klar, um zu ahnen, was Alexanders Pferd geleistet hat, sieht man am besten auf eine Karte des Nahen und

Mittleren Ostens, die seinen Weg nachzeichnet. Und einen Begriff von der Lage, Größe und sonstigen Beschaffenheit eines Landes vermittelt eine Karte allemal anschaulicher, genauer und schneller als viele Worte.

Doch gemach! So wenig ein Beobachter an der Silberbahn des Satelliten erkennt, was das Ding gekostet hat und mit welchen technischen Finessen es ausgestattet ist, so wenig verrät eine historische Karte über die gesellschaftlichen und technischen Implikationen eines Eroberungszugs.

„ ... und chronologischer Abriss", dieses Wort im Untertitel könnte nicht treffender bezeichnen, was der *dtv-Atlas zur Weltgeschichte* außer Karten bieten möchte und tatsächlich bietet: den mit Daten, vor allem Namen und Zahlen, überfrachteten Zeitfaden, der an der schwächsten Stelle, dem Nullpunkt, reißt. (s. 1.3.1)

Fazit:

Spenglers Morphologie und der dtv-Atlas repräsentieren 2 unterschiedliche Kategorien historischer Arbeiten: das schulmäßige Schema oder die Pflichtgeschichte einerseits, den scheinbar genialen Wurf oder die Kür andrerseits.

Es gibt Werke, die innovativer sind, wie etwa die *Synchronoptische Weltgeschichte* von Arno Peters und wieder andere, die ungleich materialreicher sind als alle 3 genannten Weltgeschichten zusammen.

Aber für alle gilt, was hier exemplarisch an 2 oder 3 Werken demonstriert wurde: Alle bisherige Geschichtsschreibung ist bloß historisch.

Ausgenommen von diesem Verdikt sind wenige Bücher, die aber keine Weltgeschichten sind. Etwa Bernt Engelmanns *Wir Untertanen*, im Untertitel (Deutsches

Anti-Geschichtsbuch) schon kenntlich gemacht als Nationalgeschichte. Es unterscheidet sich grundlegend von der Masse der Produktionen dieses Genres durch seine Lesbarkeit und seinen Inhalt. Wie durch ein Fenster erhält das Lesepublikum exemplarischen Einblick in die Geschichte der „Zivilisation". Sind auch der Schauplatz und Zeitraum des Geschehens begrenzt, ist doch die klare Darstellung der Wahn & Gewalt-Verhältnisse ein gutes Stück „Aufklärung" gegenüber der „Normalität" in allen Medien.

Eine vergleichbare Ausnahme ist Karlheinz Deschners *Kriminalgeschichte des Christentums*, wenn dieses Werk in seiner Monumentalität auch einzigartig dasteht. Mit mehr als 2000 Jahren europäischer Geschichte öffnet es ein größeres Fenster auf die Geschichte der „Zivilisation". Die bisher erschienenen 8 Bände zeichnet die geschliffene Sprache und die aufklärerische Nähe zur Wahrheit aus.

Schade nur, dass gegen die ganze Absicht des Werks Gewalttäter wie Alexander oder Karl noch den Beinamen *der Große* behalten, wenn auch das Widerstreben des Autors durch Anführungsstriche oder Abkürzungen (d. Gr.) erkennbar ist. Leider bleiben auch die christliche Chronologie und die westliche Periodisierung in beiden sonst vorbildlichen Historien unangetastet.

1.3 Perspektivisch

1.3.1 Chronologie

Vor 300 Jahren trug die Universalgeschichte oder *histoire universelle* noch deutlich die Handschrift der

Kleriker. Treibende Kraft hinter allen Ereignissen war für sie die personifizierte Übermacht. Erst im so genannten Jahrhundert der Aufklärung verlor die metaphysische Spekulation allmählich an Selbstverständlichkeit. Unter dem Eindruck der naturwissenschaftlichen Entdeckungen und der Religionskriege distanzierten sich einzelne Denker vom unbewiesenen Heilsplan und versuchten, den historischen Prozess durch nachgewiesene Fakten und Faktoren zu erklären. Zum Beispiel schrieben sie ökonomischen Interessen und Gegebenheiten größere Wirkung zu als klerikalen Gerüchten.

Der Paradigmenwechsel war unausweichlich ein Angriff auf das Deutungsmonopol des Klerus. Wer aufklärerisch dachte, musste per definitionem mit falschen Vorstellungen aufräumen, seien es Irrtümer, tiefsitzende Vorurteile oder die Auswüchse von Aberglauben und Obskurantismus.

Obwohl die Untersuchung wirtschaftlicher Verhältnisse und Gesetzmäßigkeiten nicht ganz erfolglos war, erreichte sie doch nie die Überzeugungskraft naturwissenschaftlicher Erkenntnisse.

Um so heftiger war die Reaktion, als eine Naturwissenschaft die Universalgeschichte tangierte: Die Evolutionstheorie erklärte die Entwicklung des Lebens auf der Erde, die Stammesgeschichte, an deren Ende der Mensch stand. Erdgeschichte und Menschheitsgeschichte bildeten eine Einheit, ein Kontinuum. Zumindest theoretisch und abstrakt zeichnete sich eine ganz neue Geschichte der Menschheit ab, deren Anfang und Ablauf zu bestimmen eine unumgängliche Herausforderung war. Die stets breiter werdende Datenbasis beflügelte die Universalgeschichte jedoch nicht. Im Gegenteil. Die Historiker verirrten sich in irrationale Sackgassen, den nationalen Wahn, oder vertieften sich arbeitsteilig in eine

Vielzahl von mikrohistorischen Monographien. Gegenwärtig sieht man den Wald vor lauter Bäumen noch immer nicht, verkündet abgeklärt *Das Ende der Geschichte* oder flüstert hintersinnig posthistoire. Weltgeschichte? - Fehlanzeige.

Freilich hat die Zunft wie gesagt in Oslo mehrheitlich entschieden, dass allen Widrigkeiten und Zweifeln zum Trotz die Möglichkeit der Universalgeschichte bestehe. Die Bedingungen der Möglichkeit sind allerdings noch zu erfüllen. Die Rubrik *Weltgeschichtliche Persönlichkeiten*, unverzichtbar in den bekannten Historien, dokumentiert lediglich den Ursprung der Geschichtsschreibung aus der Heldenverehrung. In der auf Wissenschaftlichkeit haltenden Weltgeschichte sind freilich Persönlichkeiten beinahe so marginal wie Mikro-Organismen in der geographischen Landschaftsaufnahme.

Erste Bedingung einer Universal- oder Menschheitsgeschichte ist die globale Perspektive. Zu ihr zu wechseln sollte nicht schwerfallen, möchte man annehmen, in einer Zeit, in der die Globalisierung zum Schagwort geworden ist. Tatsächlich aber scheint es bislang schwierig zu sein, die mittlere Einstellung zu finden zwischen planetarischer Fernsicht auf den Blauen Planeten ohne Menschen und dem nahen Zuschauerblick auf die knarrenden Bretter, die einmal die Welt bedeuteten.

Vielleicht rühren die Schwierigkeiten daher, dass die menschheitliche Perspektive die Sache der „Aufklärung" war und ist, aufklärerische Positionen aber seit langem in der Defensive sind, wenn sie überhaupt noch spürbar vorhanden sind. Dazu später mehr.

Ein Artikel über Geschichtsphilosophie in der *Britannica* 2001 stellt die „Objektivität und Bewertung" in der Geschichtsschreibung generell in Frage. Von Ausnahmen abgesehen, wo es um anerkannte Standards wie Dokumentation und Genauigkeit gehe, erreiche Historie nie die Objektivität naturwissenschaftlicher Arbeiten, etwa der Chemie oder Biologie. Besonders die „unvermeidliche evaluative Komponente" stehe der Wahrheitsfindung der Historiker im Wege.

Das klingt vernünftig, ist aber bloß liberalistisch oder pluralistisch und gibt allem möglichen Plunder eine Bestandsgarantie.

Toynbee sah Gefahren und Schwierigkeiten woanders: „Für den Historiker ist seine Herkunft ein unwägbares Hindernis, das globale Panorama in den wahren Proportionen zu erkennen."

Aber hat nicht viel früher schon Diderot alles gesagt mit seiner Forderung an die Chronisten, „1000 Jahre" und „2000 Meilen" Distanz zum Szenario zu halten?

Vor 250 Jahren war das viel. Heute darf die Distanz getrost verdoppelt werden.

Befreiung von der Herkunft aus Europa heißt im historischen Kontext zuerst, die gebräuchliche Chronologie durch eine wissenschaftlich vertretbare zu ersetzen. In Raum und Zeit verhält sich die christliche Ära zur Menschheitsgeschichte wie ein Taschenkalender zur Enzyklopädie.

Machen sich die Herausgeber der *Britannica* 2001 nicht lächerlich, wenn sie in den *Timelines* nicht nur die Jahreszahl „10.000 BC" zu schreiben wagen, sondern auch das Jahr „100.000 BC" und allen Ernstes sogar „2.6 million BC"? Toynbees „true proportions" sind da offenbar in Vergessenheit geraten.

Bei so viel historischem Augenmaß überrascht in der Zeitskala der Britannica das Jahr „0" exakt zwischen „500 BC" und „500 AD" schon nicht mehr. Eine Korrektur der Geschichte. Denn der Erfinder des christlichen Kalenders, der Mönch Dionysius Exiguus, kannte die mathematische Null noch gar nicht. Weshalb sein Kalender im Jahr 1 beginnt.

Die *Encyclopædia Britannica* stopft das Loch im europäischen Kalender klammheimlich und desinformiert das Publikum. Kein Ruhmesblatt für ein weltbekanntes Nachschlagewerk.

Der Mönch Dionysius Exiguus konnte vor knapp 1500 Jahren nicht ahnen, wie eng und exzentrisch seine Chronologie heute sein würde. Die christliche Ära von 2000 Jahren ist nicht mehr als 1 Prozent der Geschichte des Homo sapiens. Es ist daher aus wissenschaftlichen und praktischen Erwägungen notwendig, eine neue Ära zu bestimmen.

Die minimale Option wäre eine Ausdehnung auf das Dreifache. Durch die Verschiebung der Jahreszahlen um 4000 würde die „Zivilisation" zur neuen Ära.

Diese bescheidene Option kann sich auf das weltgeschichtliche Datum der Einführung des ältesten brauchbaren Kalenders, des altägyptischen, stützen, den im Übrigen eine ununterbrochene Traditionslinie über den julianischen und gregorianischen mit dem heute gebräuchlichen Kalender verbindet. Praktischerweise hätte man nur die erste Ziffer der Jahreszahlen des westlichen Kalenders zu ändern.

Wie es im Alltag das Celsius-Thermometer gibt und daneben für wissenschaftliche Zwecke die Kelvin-Skala, so empfiehlt sich anstelle der minimalen eher die weitergehende Option für die universalhistorische Zeitrechnung: eine Ära von 12.000 Jahren. Auch für die Wahl dieser Chronologie sprechen gute Gründe. Zum einen die Orientierung an der ausgehenden Eiszeit oder am Beginn der Domestikation, zum andern die praktische Verschiebung des Knicks in der Zeitrechnung um 10.000 Jahre durch die Kleinigkeit, den offiziellen Jahreszahlen eine 1 voranzustellen.

Natürlich hinkt der Vergleich mit der Kelvin-Skala; denn vor 12.000 Jahren ist man nicht am Nullpunkt der Menschheitsgeschichte. In der nach Jahrmillionen zu messenden Menschwerdung als Teil der Evolution lassen sich aber einzelne „Fortschritte" nicht auf ein bestimmtes Jahrtausend festlegen. Jedenfalls zur Zeit noch nicht. Mit der Domestikation oder Dorfkultur begann ein kultureller „Fortschritt", der maßgebend war und die Menschheit bis heute trägt.

Konkret: Nach der Minimaloption ist *das ewige Rom* um 3350s gegründet worden, das heißt, 3350 Jahre nach Erfindung der Schrift oder der Stadt. Legt man die 2te Option zu Grunde, so ist Rom um 9350d entstanden, das heißt, etwa 9350 Jahre nach dem Beginn der Domestikation oder der Dorfkultur. Durch diese Zahlen wird die Stadtgeschichte Roms gründlicher der abendländisch-legendären Sphäre entrückt als durch die wissenschaftliche Korrektur des sagenhaften Gründungsdatums um ein Jahrhundert.

Der Bezugspunkt, das Alpha der Schrift oder der Stadt in dem einen Fall, das Alpha der Domestikation oder der Dorfkultur im anderen, ist bedeutungsvoll für die ganze Menschheit und zugleich frei von mythischen Überhöhungen einer bestimmten Weltregion, Person oder Gruppe. Die neue Zeitrechnung verhält sich zu den bekannten Chronologien wie das metrische System zum alten Chaos der Maße und Gewichte, wonach jede Region, ja, jede Stadt die Welt nach ihrer Elle maß.

1.3.2 Demographie

Nach den aufgeregten Diskussionen über Malthus' Thesen zur Bevölkerungsentwicklung vor 200 Jahren machte das Thema erst vor einem halben Jahrhundert wieder Schlagzeilen. Die Erhebungen der UNO zur Weltbevölkerung nach dem 4ten europäischen Krieg (offiziell 2. Weltkrieg genannt) schlugen sich in Diagrammen nieder, deren exponentielle Wachstumskurven mancherorts steiles Staunen hervorriefen.

Auf diesem Hintergrund publizierte der Wirtschaftshistoriker Carlo Cipolla vor 42 Jahren (11.962d) seine Studie *The Economic History of World Population*, ein Jahrzehnt später unter dem Titel *Wirtschaftsgeschichte und Weltbevölkerung* deutsch erschienen. Inhalt der Studie ist der Vergleich der 2 großen Kultur-Metamorphosen der neueren Weltgeschichte, der Domestikation und der Industrialisierung, mit Blick auf die ökonomischen und demographischen Veränderungen.

Cipolla schließt aus einigen Ausgrabungen, die Domestikation habe vor etwa 10 000 Jahren eingesetzt. Das ist natürlich nur eine sehr runde Rechnung.

Das Ende der agrarischen Ära legte Cipolla dagegen auf ein Jahr genau fest Mitte des klassischen Jahrhunderts der Aufklärung (11.750d).

Leitgedanke seiner Arbeit war für den Wirtschaftshistoriker, „daß den drei Grundtypen der wirtschaftlichen Organisation

(Jagd, Landwirtschaft, Industrie) bestimmte wirtschaftliche und demographische Zustände entsprechen."

Genaue Zahlen über den jeweiligen Stand der Weltbevölkerung gibt es weder für die Zeit vor 10 000 noch für diejenige vor 250 Jahren.

Nach Cipollas Schätzung lebten am Ende der letzten Eiszeit etwa 5 bis 10 Millionen Menschen auf der Erde. Vor 250 Jahren sollen es zwischen 650 und 850 Millionen gewesen sein.

Cipolla waren die Schwierigkeiten einer wissenschaftlich einwandfreien Nachzeichnung der Bevölkerungsentwicklung über die Distanz von 10 000 Jahren klar. Darum entschied er sich fürs Überspringen der ungewöhnlichen Zeitspanne. In seiner Grafik stellt sich das so dar: Eine gestrichelte gerade Linie verbindet die beiden Schätzwerte für die Weltbevölkerung zu Beginn und am Ende der agrarischen Ära. Die grafische Darstellung in dieser Form gibt freilich nicht mehr her als die bloßen Zahlen.

Cipolla spricht davon, dass die Menschheit „mit der Heraufkunft der Landwirtschaft" eine „Schranke" durchbrach, die für Sammler, Jäger und Fischer unüberwindliche Schranke geringer Produktivität, die zugleich eine Schranke für das Wachstum der Bevölkerung war. Die Agrarproduktion nun öffnete diese Schranke. Die Folge war laut Cipolla: „Die Menschheit wuchs weit über jedes vorher denkbare Niveau hinaus."

Hier verzichtet der Autor wiederum auf Zeitangaben, sodass die LeserInnen annehmen müssen (das Bild der sich öffnenden Schranke und die Rede von der „Neolithischen Revolution" legen es nahe), die Bevölkerungsexplosion habe bereits vor 10 000 Jahren begonnen.

Mit seiner Studie hat der Wirtschaftshistoriker Cipolla früher als andere die Aufmerksamkeit auf den ökonomisch-demografischen Komplex gelenkt und außerdem den Weg geebnet für die Verwirklichung einer wissenschaftlich fundierten Universalgeschichte.

Wie gesagt war Cipolla klug genug, auf die Zeichnung der Wachstumskurve der Weltbevölkerung zu verzichten. Es gab solche Diagramme ja durchaus schon, wenn sich auch nur wenige über die christliche Ära hinaus wagten. Meist beschränkten sich die Statistiker auf den Zeitraum weniger Jahrhunderte. So auch im Fall der UN-Grafik, die im Klassiker des Club of Rome (*Die Grenzen des Wachstums*) abgebildet ist.

Allem Anschein nach war es unnötig, die Zeit-Achse etwa von 300 auf 3000 oder sogar auf 30 000 Jahre zu verlängern. Die Wachstumskurve verlief ja nach dem mathematischen Bild eines Hyperbel-Astes an beiden Enden asymptotisch, an der Zeit-Achse ebenso wie an der Anzahl-Achse. Nach der Vorstellung, die den meisten Diagrammen zu Grunde lag, war der plötzliche und immense Anstieg der Weltbevölkerung etwas so beispiellos Neues und Katastrophales in der Menschheitsgeschichte, dass schon bald von der Bevölkerungsexplosion die Rede war. Cipolla war einer der Wenigen, die etwas differenzierter darüber dachten. Sein Ansatz fand später Umsetzungen in grafischen Darstellungen, die manchmal sogar die Tausender-Dekade überschritten. Ein Beispiel ist im Buch *Sol Power* zu finden. Das Werk von Sophia und Stefan Behling erschien vor 8 Jahren (11.996d) und hat *Die Evolution der solaren Architektur* zum Inhalt. Aber es enthält im ersten Kapitel (Warum sich etwas ändern muß) auch einen Abschnitt über das Bevölkerungswachstum und eben dort sozusagen ein Vollzeit-Diagramm der Weltbevölkerungsentwicklung des Homo sapiens sapiens.

Genau genommen gibt es die Zeitspanne der vergangenen 42 000 Jahre wieder. Die Beschriftung der Grafik lautet: „Anstieg der Weltbevölkerung in Millionen – seit 40 000 v.Chr.".

Ohne den bekannten Lapsus mit exegetischen Ehren zu bedenken, ist auf 2 ernstere Mängel der Grafik hinzuweisen. Die Zeit-Achse ist ordentlich in gleiche Abschnitte von je 10 000 Jahren eingeteilt, lediglich die letzten 2000 Jahre sind etwas gestreckt. Die vertikale Anzahl-Achse dagegen haben die Autoren gleich mehrfach gestaucht und dadurch völlig verzerrt. 1 Zentimeter am oberen Ende der Millionen-Schiene steht für ein paar Milliarden, 1 Zentimeter am unteren Ende für ein paar Millionen Menschen.

Der zweite Makel entspricht dem Vorurteil, das in fast allen grafischen Darstellungen der Bevölkerungsentwicklung wiederkehrt. Es ist, bildlich gesprochen, die lange Gesundheit vor dem unerwarteten Fieber-Anfall. Kommentar im Text dazu: „Mehr als 30 000 Jahre lang blieben die Bevölkerungszahlen relativ konstant."

Diese Annahme einer jahrzehntausendelangen Stagnation ist aber unhaltbar, schon aus dem einfachen Grund, dass Homo sapiens sapiens während dieser unvorstellbar langen Zeit so ziemlich alle bewohnbaren Gebiete der Erde erwanderte und besetzte. Die freilich sehr langsame, aber doch unentwegt weiter drängende Migration bis in alle Winkel der Welt ist schlechterdings undenkbar ohne ein stetiges Wachstum der Weltbevölkerung. Vom Start der Wanderung in Afrika her hat sich Homo sapiens sapiens gewissermaßen in einer Bevölkerungsexplosion in Zeitlupe über die Erdoberfläche verbreitet.

Nun zu den Vorzügen der Grafik: Im Gegensatz zur Einschätzung Cipollas und vieler anderer, die der Suggestion des Ausdrucks Neolithische Revolution erlegen sind, bleibt die Erfindung der Landwirtschaft in ihrer Wirkung auf das Wachstum der Weltbevölkerung hier unauffällig. Nach „mehr als 30 000 Jahren" war die Domestikation längst Realität, aber die ersten Kornfelder hatten ebenso wenig Einfluss auf die Weltbevölkerung wie die ersten zahmen Ziegen. Es dauerte vielmehr Jahrtausende, bis die landwirtschaftlich genutzte Fläche im Weltmaßstab zu Buche schlug. Etwa 3000 Jahre lang blieb die Neuerung eine Spezialität der Weltregion im Bereich der Landbrücke zwischen Afrika und Eurasien.

Erst vor 6000 Jahren hatte die Dorfkultur nachweislich nennenswerte Areale in Asien, Afrika und Europa hinzugewonnen. Erst nachdem Anbau und Tierhaltung Jahrtausende hindurch verbessert und erweitert worden waren, zeitigte der wirtschaftliche Erfolg eine nachhaltige Wirkung auf die Wachstumskurve der Weltbevölkerung. Es setzte eine steile Aufwärtsbewegung ein. Das Zeichen einer Zeitenwende.

Etwas unerhört Neues polterte auf die Weltbühne und riss den Vorhang auf. In den ersten städtischen Szenarien traten die ersten Helden auf, deren Namen niemand kennt.

Die ersten Städte im Zweistromland hoben sich ab von allen Dörfern. Aus lauter unmerklichen „Fortschritten" resultierte ein qualitativer Sprung. Die progressive Weltregion zwischen Nil und Indus jagte die Wachstumskurve der Weltbevölkerung steil in die Höhe.

Kommentar der Behlings: „Mehr als 30 000 Jahre lang blieben die Bevölkerungszahlen relativ konstant, bis die frühen Hochkulturen die ersten Stadtstaaten bildeten und die landwirtschaftliche Produktion planmäßig organisierten. Auf der Grundlage dieser neuen gesellschaftlichen

Organisationsformen konnte durch effiziente Bewirtschaftung der Nutzfläche eine größere Bevölkerung ernährt werden."

Im Diagramm steigt die Kurve vor 6000 bis 7000 Jahren plötzlich um den Faktor 8 bis 9 an, von etwa 10 Millionen auf 80 bis 90. Danach ging dem rasanten Aufschwung sichtbar die Luft aus. Insgesamt aber kam es weder zum Absturz noch zum Stillstand. Die Wachstumskurve der Weltbevölkerung stieg vielmehr in den folgenden Jahrtausenden weiter auf etwa 500 Millionen an, um dann erneut in wenigen Jahrhunderten hochzuschnellen auf inzwischen über 6 Milliarden Menschen.

Wenngleich diese jüngste Entwicklung den Steilanstieg zur Zeit der beginnenden „Zivilisation" vor 6000 Jahren um ein Vielfaches übertrifft, besteht doch sichtlich ein innerer Zusammenhang zwischen den beiden außergewöhnlichen Wachstumsschüben am Anfang und am Ende der staatlichen Ära. Den Zusammenhang macht das Diagramm trotz der kritisierten Mängel sichtbar.

Der welthistorische Konnex, im Text von *Sol Power* mit keinem Wort erwähnt, ist mit den Begriffen „Zivilisation" oder staatliche Ära allenfalls angedeutet. Die Erklärung dieses Teils der Universalgeschichte, der Geschichte im alten engeren Sinn, steht noch aus, einschließlich der so genannten Bevölkerungsexplosion. Der übliche Hinweis auf die Industrialisierung greift zu kurz.

Für das Verständnis der Menschheitsgeschichte empfiehlt sich die weit über 10 000 Jahre hinaus durchgezogene Wachstumskurve der Weltbevölkerung als eine Leitlinie und Basisfigur. Sie bedeutet für die Universalgeschichte so etwas wie die Kugelgestalt der Erde für die Geowissenschaften, so unsicher die historische Datenbasis auch noch ist.

Dementsprechend sind die beiden extremen Wachstumsschübe der Weltbevölkerung die Dreh- und Angelpunkte der vergangenen 6 Jahrtausende oder der staatlichen Ära.

Ist es schon schwierig, gesicherte Daten für diese jüngste Epoche der Weltgeschichte zu bekommen, so wird es noch schwieriger, je weiter in die Vergangenheit zurück der Blick geht. Theoretisch aber kann es keinen Zweifel geben, dass etwa die Domestikation zum Anstieg der Weltbevölkerung geführt hat, ohne dass klar ist, wie die Wachstumskurve für jene Jahrtausende zu zeichnen wäre. Gleiches gilt für die Jahrzehntausende der Ausbreitung des Homo sapiens sapiens über die bewohnbare Erde und so weiter für die Verbreitung der Neandertaler und noch weiter zurück für die Expansion des Homo erectus von Afrika aus über die Alte Welt.

2 Im Gedinge oder Kriegserklärung

2.1 Nicht Dorf noch Stadt

Die Weichsel-Eiszeit war vor 12 000 Jahren vorbei. Nach Jahrzehntausenden der Tieftemperaturen schmolzen die Gletscher ab, und ein Hyperfrühling lud Pflanzen, Tiere und Menschen in die nördlichen Kontinentweiten und in die vom Eis befreiten Gebirgsregionen ein.

Ein paar tausend Kilometer südlich trieb dagegen die beginnende Warmzeit beinahe alles Leben aus dem gerade erst entstandenen Wüstengürtel der Erde. Während der Eiszeit hatte es hier genug Niederschlag für das Gedeihen einer großen Artenvielfalt gegeben.

In den trockenen Übergangsgebieten am Rande der Wüsten verschwand der Wald bis auf wenige Reste. Das Grasland dehnte sich aus.

In den Steppen im weiten Umkreis der Landbrücke zwischen Afrika und Eurasien machte die Not die Menschen erfinderisch. Oftmals überlebten sie nur durch den Verzehr der kleinsten Früchte der zunehmend ariden Landschaft, der Gräsersamen. Bis zum Backen der ersten Fladenbrote war es dann noch ein weiter Weg. Aber sobald erst einmal die Vorzüge der Notkost erkannt waren, die lange Haltbarkeit bei gleichbleibend hohem Nährwert, war es nur eine Frage der Zeit, bis aus dem Gras Getreide wurde und das Zeitalter der Dörfer begann.

Gegen den von angelsächsischen Autoren eingeführten Begriff der Neolithischen Revolution bringt die von britischen Archäologen ausgegrabene neolithische Stätte Çatal Höyük einige Argumente.

Mit dem errechneten Alter von 8 500 Jahren ist Çatal Höyük eine Siedlung aus dem späten Domestikationszeitalter. Der Ort in der südlichen Hochebene Anatoliens bedeckte zur Zeit seiner größten Ausdehnung eine Fläche von 13 Hektar.

Bereits vor 4 Jahrzehnten legte James Mellaart auf 4 000 m² 139 Räume frei. Hochgerechnet auf 130 000 m² ergibt das eine Einwohnerzahl von 4 500 bis 13 500, falls von mindestens 1 oder höchstens 3 Person(en) pro Raum auszugehen ist. Selbst die niedrigste Rate bedeutet für jenes Jahrtausend eine gigantische Anzahl Einwohner.

Zum Vergleich: Eridu, 3 000 Jahre später die größte Stadt in Mesopotamien, hatte nicht mehr als 3 500 Einwohner. Daher ist oft zu lesen, Çatal Höyük sei die größte „neolithische Stadt" gewesen. Aber außer der tatsächlich außergewöhnlichen Größe fehlten dem Ort wesentliche Merkmale einer Stadt.

Ungewöhnlich, aber charakteristisch für Çatal Höyük war schon der Grundriss der Siedlung. Die Häuser standen dicht an dicht wie die Waben im Bienenkorb, nicht in Zeilen oder Blöcken wie in der Bebauung der späteren Städte. Zwischen den Häusern blieb allenfalls Raum für einen Innenhof. Gassen jedoch, Durchgänge oder gar Straßen und Plätze fehlten völlig.

Sah man die Siedlung aus der Ferne, konnte der Eindruck einer erhöhten Festung entstehen. Durch die Praxis, auf den Resten der alten Häuser neu zu bauen, entstanden Siedlungsschichten, die bis zu 20 Meter mächtig sind.

Eine Stadtmauer gab es nicht. Sie war auch überflüssig. Denn falls einmal ein Angreifer die Außenwand eines Hauses am Ortsrand durchbrochen hätte, wäre der Weg ins Innere der Siedlung noch lange nicht frei gewesen. Der Aggressor hätte lediglich einen einzigen Raum erobert. Die nächste Wand zu durchstoßen, hätte doppelt so viel Mühe und Zeit gekostet, weil jedes Haus seine eigenen Mauern besaß, sodass Wand an Wand stand. Nicht einmal Türen und Fenster hätten den Raubzug erleichtert, denn auch die gab es nicht. Die nahen Mauern der Nachbarhäuser hätten dem Blick oder Gang nach draußen ja auch im Weg gestanden.

Fensterlos und ohne Türen – das ist ein Spezifikum der Architektur von Çatal Höyük. Der einzige Zugang ins Haus führte über Leitern und Dächer und schließlich durch eine Dachluke ins Innere.

So plant und baut kein Städter. So funktioniert keine Stadt. Der unverkennbare Hauptzweck der Siedlung war, ihren Bewohnern größtmöglichen Schutz zu bieten. Den Zweck erfüllte der Ort so vollkommen, dass Çatal Höyük zumindest 800 Jahre Bestand hatte.

Nichts weist bis jetzt auf ein gewaltsames Ende der Ortschaft hin. Womöglich ist das riesige Dorf das Opfer seines Erfolgs geworden. Durch seinen perfekten Schutz und in Übereinstimmung mit dem uralten Fruchtbarkeitskult konnte der Ort über den Rahmen eines Dorfes weit hinaus wachsen. Anfangs war es die Bauweise, die ein Höchstmaß an Sicherheit bot. Später machte die schiere Größe der Siedlung schon unangreifbar.

Doch nach jeder Erweiterung der bebauten Fläche wurden die praktischen Probleme gravierender. Das Gerenne über die Dächer nahm stetig zu mit Folgen für deren Stabilität und Wetterfestigkeit. Der Transport schwerer Lasten verlangte immer akrobatischere Fähigkeiten, aber das war in Kooperation zu bewältigen. Eine wirkliche Gefahr für den Bestand des Dorfes ging von Krankheiten und Konflikten aus, die naturgemäß mit zunehmender Einwohnerzahl auf engstem Raum wahrscheinlicher und katastrophaler wurden.

Womöglich hatte Çatal Höyük also unter den einseitigen Bedingungen seiner Anlage nach etwa 8 Jahrhunderten Wachstum das kritische Maß seiner Möglichkeiten überschritten.

Die These von Marilyn French, Çatal Höyüks Gesellschaft sei egalitär gewesen, wird durch die Tatsache gestützt, dass bisher keine zentralen Einrichtungen ausgegraben wurden; wie auch dadurch, dass die freigelegten Räume keine nennenswerten Unterschiede nach Größe und Interieur aufweisen. Häuser mit Kultgegenständen und Wandbildern finden sich in hoher Anzahl und gleichmäßig über die Siedlung verteilt, sodass dezentral jede Nachbarschaft ihren eigenen Treffpunkt für rituelle Handlungen hatte.

Allem Anschein nach bewahrten die Dörfler noch möglichst das einfache Leben der nomadischen „Vorzeit", das Leben der sich selbstversorgenden Kleingruppen ohne übergreifende Organisation. Ein Leben auch ohne die Abwechslungen und Aufregungen der späteren Städter. Ohne abenteuerliche Raubzüge, ohne Ruhm und Reichtum. Ohne Krieg. Vorsicht und Ökonomie hatten Tradition. Luxus und Leichtsinn der Städter Zukunft.

Die Bewohner von Çatal Höyük führten ein Leben, dessen Nähe zum Tod besonderen Ausdruck fand in der Art, wie sie mit ihren Toten umgingen. Von der „Blamage des Sterbens" (Günther Anders) noch Welten entfernt, versteckten sie Verfall und Tod noch nicht, sondern teilten denselben Wohnraum mit den Gestorbenen. Unter einem Podest an der Wand, auf dem sie selbst schliefen, hatten die Toten ihren Platz. Im Traum, in dem die Toten für die Lebenden spürbarer weiterlebten als in der wachen Erinnerung, war die Grenze zwischen „Diesseits" und „Jenseits" aufgehoben.

Solche Nähe zu den Toten hatte eine sehr lange, doch offenbar unvermindert wirksame Tradition. Sie weist zurück zu den Bestattungen in bewohnten Eiszeithöhlen. Und sie hatte noch eine große Zukunft vor sich im Totenkult der Alten Ägypter und der „Zivilisation" überhaupt.

Soweit bekannt, war Çatal Höyük einmalig und mithin ohne Auswirkung auf die Wachstumskurve der Weltbevölkerung.

2.2 Der konsequente Bruch

Das typische Dorf zu der Zeit, als es noch keine Städte gab, hatte ein paar hundert Einwohner, eher weit unter 500 als etwas darüber. Ihre Offenheit hätte sie leicht zur Beute von Banden gemacht, aber je kleiner und armseliger die Hütten dastanden, desto weniger verlockten sie zu Raub und anderen Bubenstücken.

Mit fortschreitender Dorfkultur freilich, als die Siedlungen zahlreicher und größer wurden und sich bald wie ein Netz über ganze Regionen legten, stieg das Risiko, dass ein Gehöft von ungebetenen Gästen heimgesucht, ein ganzes Dorf geplündert wurde.

Potentielle Raubmörder waren weniger unter den Resten der an den Rand gedrängten Sammler und Jäger zu finden als vielmehr unter anderen Dörflern aus der näheren und weiteren Umgebung, die eine Notlage auf die Wanderschaft gezwungen hatte.

Prosperierende Dörfer konnten zu schnell wachsen, sodass Versorgungsengpässe entstanden. Oder eine Naturkatastrophe traf ein Dorf oder eine Region, sodass die Leute flüchten mussten.

Im fortgeschrittenen Domestikationszeitalter zwang derart die Sesshaftigkeit regelmäßig zur Migration.

Auch schon vor beispielsweise 8 000 Jahren nahmen Menschen ihre Zuflucht zu Notlösungen. So kamen findige Leute auf die Idee, aus der Not der anderen Kapital zu schlagen. Es bedurfte damals wahrscheinlich noch geringerer Überredungskunst, Flüchtlinge mit Versprechungen auf verheißungsvolle Ziele anzusetzen. Wenn die Anführer solcher Unternehmungen umsichtig planten, leisteten die bei Nacht überfallenen Dörfler so wenig Widerstand wie die Hühner, denen der Fuchs einen Besuch abstattet. Die schreckliche Tat sprach sich wie jede Sensation rasch herum und verschaffte den Dorf-Ältesten und „Zauberern" einen unverdienten Machtzuwachs.

1 oder 2 Jahrtausende nach Çatal Höyük genügte die defensive Antwort nicht mehr. Das Sicherheitsbedürfnis der Dörfler, aber auch die Professionalisierung der Banden drängte zu einer neuen radikalen Lösung.
Felszeichnungen, die Gruppen Bogenschützen auf der Tier- und auch auf der Menschenjagd zeigen, vermitteln einen Eindruck von der ganz neuen Entwicklung, die zur gleichen Zeit wie die Domestikation aufkam und „Fortschritte" machte, gewissermaßen der Schatten oder die Kehrseite des findigen neuen Zeitalters. Neben den produktiven Techniken der friedlichen Dörfler entwickelten sich die destruktiven Techniken der Waffenträger.
Schon die Speerschleuder, vor mindestens 14 000 Jahren bei den Cro-Magnons in Gebrauch, war ein bedeutender waffentechnischer „Fortschritt" gewesen. Mit ihr konnte ein Jäger den Speer doppelt so weit werfen wie mit der bloßen Hand: das heißt konkret: über 100 Meter weit. Entsprechend erfolgreicher war die Jagd.
Aber kaum war die Speerschleuder zum Weltstandard avanciert, wurde sie auch schon durch die nächste waf-

fentechnische Innovation in die Rumpelkammer der Geschichte verwiesen. Die Erfindung von Pfeil und Bogen bedeutet technisch einen derartigen Sprung nach vorn, dass nur die Erfindung und Praxis der Landwirtschaft ähnlich folgenreich war. Zeitlich liegen beide Neuerungen wahrscheinlich so nah beieinander, dass sie zusammen den Beginn des Zeitalters markieren und ins Zwielicht stellen. Wie Anbau und Viehzucht das Nahrungsangebot erhöhten und sicherten, so auch der Einsatz von Pfeil und Bogen. Denn der Pfeil trug weiter und traf genauer als irgendeine andere Waffe. Selbst fliegende Vögel waren vor ihm nicht mehr sicher. Auch ein Fehlschuss verpatzte nicht die ganze Jagd. Der Schütze hatte meist mehrere Pfeile zur Hand und konnte notfalls nachlegen.

Wenn aber das Töten „Fortschritte" macht, technisch auf eine höhere Stufe der Perfektion gehoben wird, ist die Bilanz in jedem Fall negativ. Beim Gebrauch von Pfeil und Bogen heißt das:

a) Die erfolgreichere Jagd beschleunigte die Ausrottung etlicher Tierarten.

b) Der Bogen als erste hochwirksame Fernwaffe setzte die Hemmschwelle deutlich herab, den tödlichen Pfeil auch auf Menschen abzuschießen.
vgl. das Milgram-Experiment in 3.2.5

Wahrscheinlich lebten die Dörfler im Domestikationszeitalter oft mit den Sammlern und Jägern der Umgebung in Symbiose. Erst wurden zum gegenseitigen Vorteil Dinge getauscht, etwa Feldfrüchte gegen Jagdbeute; dann übernahmen oder verstärkten die Jäger den Schutz der Dörfer vor gefährlichen Tieren und am Ende auch vor unerwünschten Zuwanderern. Im Laufe der Zeit gewann

Letzteres an Bedeutung. Den krönenden Abschluss dieser Entwicklung bildet die ständige Anwesenheit einer Wachmannschaft in der Siedlung. Dies ist zumindest eine der Varianten beim Übergang vom freien Dorfleben zur Gefangenschaft in der befestigten Stadt.

Das Ergebnis war die Stadt, der Beginn der „Zivilisation" oder der staatlichen Ära. Obwohl aus dem Dorf hervorgegangen, war die Stadt etwas so spektakulär Neues, dass sie von Anfang an und für immer im Gegensatz zum Landleben stand, nicht als gleichrangiges Gegenüber, sondern hoch überlegen. Noch heute steht dafür die deutsche Vokabel „Hochkultur".

Zur Verdeutlichung der Differenz eine Analogie:

Unmittelbar nach dem Eindringen der männlichen Samenzelle in die weibliche Eizelle wird die Zellwand der Zygote undurchdringlich für weitere Spermien.

Als die von Männern besetzte Zitadelle in das von weiblichen Gottheiten dominierte Dorf „eingedrungen" war, verschanzte sich die neue Siedlung hinter einer hohen Mauer.

Der neue Zellkern steuert das Wachstum des werdenden Lebens.

Das Programm der frühen Stadt hieß Wachstum um jeden Preis, nicht bloß wie zuvor im Kult beschworenes oder ausnahmsweise wie in Çatal Höyük erfolgreich defensiv gefördertes, sondern mit allen Mitteln von der Zitadelle aus aggressiv betriebenes und gesteuertes Wachstum.

Die Analogie will nicht so verstanden sein, dass die männliche Besatzung des Machtzentrums in jedem Fall von außen kam, wenngleich Mythen und Historie meist diesem Muster folgen. Entscheidend ist, dass die städtische Zentrale aus zwei Elementen entstand. Welche Elemente das konkret waren, sagt der Stadthistoriker Lewis Mumford: „Die frühesten als Städte erkennbaren Ruinen zeigen gewöhnlich nur die anfangs beherrschenden Teile, Tempel und Palast."

Welch explosive Gewalt in diesem Stadtkern steckte, beschreibt Mumford so: „Zehntausende Menschen wurden unter einheitlichem Kommando wie eine Maschine in Bewegung gesetzt und bauten Bewässerungsgräben, Kanäle, Stadtmauern, Zikkurats, Tempel, Paläste und Pyramiden in Ausmaßen, die bis dahin unvorstellbar gewesen waren.

Die neuen Maschinen sind lange nicht erkannt oder vielmehr nicht richtig erkannt worden. Denn die frühesten zusammengesetzten Maschinen bestanden nicht aus Holz oder Metall, sondern aus vergänglichen Menschen, wobei jeder eine bestimmte Funktion innerhalb eines größeren Mechanismus hatte, der zentraler Leitung unterstand. Die riesige Armee aus Priestern, Wissenschaftlern, Ingenieuren, Architekten, Vorarbeitern und Tagelöhnern, die einige 100 000 Mann zählte und die große Pyramide baute, war die erste komplizierte Maschine. Sie wurde erfunden, als die Technik selber erst ein paar einfache Maschinen, etwa die schiefe Ebene und den Schlitten geschaffen, aber noch keine Fahrzeuge auf Rädern erfunden hatte.

Keine noch so großen Bauarbeiten, die der moderne Mensch planen kann, übersteigen die Möglichkeiten dieser ersten Menschenmaschine."

Nachdem vor etwa 12 000 Jahren das Zeitalter der Domestikation mit dem Zähmen weniger kleiner Tiere und mit dem Anbau weniger kleiner Pflanzen angefangen hatte, waren je nach Glück und Fertigkeit der Züchter allmählich aus den wenigen Exemplaren kleiner Tiere ganze Herden großer Tiere geworden und aus den wenigen kleinen Pflanzungen oder Gärten mit kleinen Früchten etliche große Felder mit reichen Ernten. Was anfangs nicht zur Selbstversorgung einer kleinen Gruppe ausreichte, erwirtschaftete am Ende die Lebensgrundlage großer Gruppen.

Der Bruch in dieser Geschichte des „Fortschritts" ist die Einbeziehung des Menschen in die Reihe der immer größeren und nützlicheren domestizierten Lebewesen.
Im Sinne des „Fortschritts" war das kein Bruch, sondern im Gegenteil nur konsequent. Es nach der erfolgreichen „In-Wert-Setzung" der Pflanzen und Tiere dann auch mit dem Menschen zu versuchen, ergab sich zwangsläufig auf der einmal eingeschlagenen Straße des Erfolgs zu stets höheren Erträgen, von Zähmung zu Zähmung. Die Tätigkeit des Hirten erscheint so gesehen als Vorstufe und Vorbereitung auf die Beherrschung des Herdentiers Mensch.
Allerdings stellte die Knechtung des Menschen einen Bruch dar, ein Verbrechen in des Wortes eigenster Bedeutung, das nachträglich auch die Ausbeutung der Tiere in einem anderen Licht erscheinen lässt, nur vergleichbar mit der Menschenjagd nach dem Muster der Jagd der frühen Bogenschützen auf Tiere. Die metaphorische Rede vom „guten Hirten" hat den Zusammenhang nicht begriffen. Es war kein Zufall, dass sowohl in der tschechischen als auch in der französischen Revolution die Herrschenden auf dem Rücken des Bauern reitend dargestellt wurden.

Der erste gelungene Großversuch zur Ausbeutung des Menschen durch den Menschen war die erste kleine Stadt, der Beginn der „Zivilisation", das Modell der nachfolgenden 6 000 Jahre, der Stolz der „zivilisierten" Welt.

2.3 Die Menschenmaschine

Die Menschenmaschine braucht nicht nur Menschen, weil sie aus Menschen besteht. Sie verbraucht Menschen nicht nur, weil sie sie im Einsatz verschleißt. Vielmehr macht sie pausenlos auch Jagd auf Menschen und verschlingt sie. Sie ist ein veritabler Menschenfresser. Ihren höchsten Wirkungsgrad erreicht die Menschenmaschine mit dem typischen Hybrid-Antrieb, dessen Komponenten Tempel und Palast oder generell Wahn & Gewalt heißen. Obwohl die täglichen Meldungen über die Erfolge und „Fortschritte" der Menschenmaschine nicht abreißen, hier 2 Beispiele aus historischer Distanz:

Tenochtitlán, die einstige Hauptstadt der Azteken, verschaffte sich auf ausgedehnten Menschenjagden Gefangene, um sie jedes Jahr massenweise in religiösem Wahn zu schlachten. Das Ritual der Priester oben auf der Plattform der Pyramide war Wahn & Gewalt pur, sodass man es nicht der Realität, sondern den Höllenphantasien der christlichen Eroberer Mexikos zuschreiben möchte, die solch eine Horrorstory zur Entschuldigung für ihre eigenen Orgien der Mord- und Zerstörungswut erfunden haben könnten.

Es wird berichtet, dass oben auf der Pyramide dem von 4 Priestern festgehaltenen Gefangenen das Herz mit einem Obsidianmesser aus der Brust geschnitten und dem „Sonnengott" Huitzilopochtli oder dem „Regengott" Tlaloc noch zuckend und bluttriefend dargeboten wurde, bevor die Opfer die Treppen der hohen Pyramide hinuntergestürzt wurden. Tlaloc hatte bei Dürre eine Vorliebe für Kinder-Opfer, heißt es.

Die „Zivilisation", die mit der ersten Stadt in Südwest-Asien begann, ist bis heute so voll von Gräueltaten, sprich: Wahn & Gewalt, dass die perverseste Phantasie sich nicht noch widerwärtigere Szenarien als die realen ausmalen kann.

Wenn die in Tenochtitlán rituell Hingeschlachteten die Wahl gehabt hätten zwischen ihrem schrecklichen Ende und einem Schrecken ohne Ende, zum Beispiel als Sklave in den Silberminen Attikas, hätten sie vielleicht sogar ihr schreckliches, aber rasches Ende vorgezogen.

Die ach so edlen Griechen brauchten für den Fortbestand ihrer „Zivilisation" und den Betrieb ihrer Menschenmaschine fortlaufend Nachschub an Sklaven, nicht allein, um den Verschleiß in den Minen auszugleichen, wo 30 000 „Unterirdische" in den dunklen Stollen Tag und Nacht verbringen mussten, das Vorbild für Platons berühmtes Höhlengleichnis (das den großzügigen Umgang des Philosophen mit der Realität beispielhaft zeigt), aber auch für viele andere unrühmliche Menschenstallungen der „zivilisierten" Welt. Nicht allein zum Ausgleich für den enormen Verschleiß in den Silbergruben brauchten die edlen Griechen fortdauernd Nachschub, sondern auch für den täglichen Hausgebrauch. Kein Haus der edlen Griechen kam ohne Sklaven aus. Der Umsatz auf den großen griechischen Sklavenmärkten war entsprechend hoch. Auf der Insel Delos lag er bei 1000 „Einheiten" pro Tag.

Für den „Fortschritt" von der Dorfkultur zur städtischen „Zivilisation" oder von der ersten zur 2ten Stufe der Domestikation zahlte und zahlt die entzweite Menschheit einen sehr hohen Preis.

Mumford bringt mit der Menschenmaschine etwas auf den Begriff, was mit den Bezeichnungen „Hierarchie", „Arbeitsteilung" oder „Organisation" mehr verschleiert und verschwiegen als sinnfällig gemacht wird. Das Wort Menschenmaschine bringt den Zynismus im Innenbezirk der „Zivilisation" zur Sprache.

Urbild und Inbegriff der Menschenmaschine ist die schlagkräftige Truppe, in der das Gleichheitsprinzip der strengen Rangordnung geopfert, der Mensch zum ausführenden Organ des Befehlshabers verdinglicht und Ziel und Zweck der menschenverachtend strukturierten Institution konsistent das Töten und Zerstören ist.

Angesichts der überlieferten und gerühmten Erfolge dieses technisch perfekten Hauzeugs, das dem Faustkeil so hoch überlegen ist wie die „Hochkultur" dem „Neandertal", angesichts der sattsam bekannten Triumphe der Schlagkraft spricht Mumford vom Trauma der Zivilisation.

Schon im Gilgamesch-Epos übertönt der Heldengesang nicht ganz das Wehklagen der Leute von Uruk.

Andrerseits ist unbestritten, dass die Erfindung der Menschenmaschine den Steuermännern an den Schalthebeln der Macht ermöglichte, Ernten einzufahren, die turmhoch die Erträge der Dorfkultur überragten. Natürlich gab es immer mal wieder Einbrüche, Notzeiten, Kriegszeiten, Plagen. Aber selbst die schienen zu beweisen, dass nur die herrschaftliche Ordnung eine Garantie für Sicherheit und Wohlstand war.

Mit dem nie gekannten Nahrungsüberfluss kletterte die Wachstumsrate der Bevölkerung erstmals auf Extremwerte. Zum ersten Mal in der Menschheitsgeschichte glich die Wachstumskurve der Temperaturkurve bei einem Fieber-Anfall.

In allen Geschichtsbüchern mit hoher Auflage aber, besonders in den staatlich genehmigten Lehrwerken für das Fach Geschichte, werden die frühen Städte als „Fortschritt" gefeiert. Im Deutschen ist das Neue, das mit Eridu, Uruk, Umma, Lagasch, Ur und Kisch begann, als „Hochkultur" eindeutig bewertet. Das englische und französische civilization/civilisation klingt nicht minder hochgestimmt.

Der Westen tradiert mit diesem Begriff unkritisch jahrtausendealte Wertungen. Er steht noch in derselben Tradition. Die Überlieferung mittels der Schrift ist wie die Schrift selbst eine Erfindung der Stadt. Schreiber waren und sind meist noch immer Vertreter der städtischen Sicht der Dinge. Deutliche Zweifel an der „Zivilisation" hatten und haben kaum Aussicht, im Auftrag der Herrschaft schriftlich festgehalten und verbreitet zu werden.

Lewis Mumford unterstreicht die Ambivalenz der Institution Stadt: „So viele wertvolle Aufgaben die Stadt auch gefördert hat, so ist sie zugleich während des größten Teils ihrer Geschichte ein Behältnis organisierter Gewalttat und eine Quelle von Kriegen."

Mumford versucht, die Schattenseite oder, wie er es nennt, das Trauma der Zivilisation zu erhellen. Unter anderem verweist er auf die einzige Parallele in der Tierwelt, auf die Staaten bildenden Insekten. Verwundert stellt der Historiker fest, bis in welche Einzelheiten die Analogie reicht.

„Soweit sich das von außen feststellen lässt, stößt man bei diesen Insekten-Staaten gewiss nicht auf Religion oder rituelle Opfer. Hingegen sind alle andern Einrichtungen, die mit der Entstehung von Städten verbunden sind, auch hier vorhanden. Die strenge Arbeitsteilung, die Ausbildung einer speziellen Krieger-Kaste, die Technik kollektiver Zerstörung, die von Mord und Verstümmelung begleitet wird, ferner die Einrichtung der Sklaverei und bei manchen Arten die Domestikation von Pflanzen und Tieren.

Am bezeichnendsten ist aber, dass die Insektenstaaten, die diese Züge tragen, eine Institution besonders hervorkehren, die mir bei dieser ganzen Entwicklung im Mittelpunkt zu stehen scheint, nämlich das Königtum. Oder vielmehr sein weibliches Gegenstück, die Institution der Königin, ist in diesen Insektenstaaten als oberste biologische Tatsache eingebaut worden.

Während also in den frühen Städten nur der magische Glaube besteht, das Leben des ganzen Gemeinwesens hänge vom Leben des Herrschers ab, ist das in der Insektenstadt tatsächlich so."

Mumford bringt das Beispiel staatlicher Organisation bei Ameisen und anderen Insekten, „um eine Parallele zum Krieg zu finden". Er schließt den Exkurs mit der Bemerkung ab: „Hier und nur hier stößt man auf die organisierte kollektive Aggression einer spezialisierten Streitmacht, wie wir sie auch in den frühen Städten finden."

Weiter verfolgt er die Parallele aus der Tierwelt nicht. Er präsentiert das eindrucksvolle Phänomen wie eine Illustration in der Tradition der Geschichtsschreibung nach Herodot. Mumford erwartet durch das biologische Beispiel keine Erhellung in der Sache. Versuche, staatliche

Organisation und Krieg biologisch zu erklären, qualifiziert er ausdrücklich als Irrtum ab.

Der Topos hat Tradition. Schon Hobbes hatte den Insektenstaat mit dem Menschenstaat verglichen. Auch ihn hatte der Krieg beunruhigt und motiviert, freilich nicht der zwischenstaatliche, sondern der Bürgerkrieg, dessen Zeitzeuge er war. Hobbes stellte die innere Harmonie im Ameisen- und Bienenstaat als natürlich dem Konkurrenzgerangel der Menschen gegenüber, das künstlich durch die Übermacht der Zentralgewalt im Zaum gehalten werden müsse.

Von der Vorbildfunktion der Natur im Insektenstaat ist in Mumfords Vergleich nichts mehr übrig geblieben. Seinen Exkurs ins Biologische rechtfertigt gerade die Zurückweisung zoologisch natürlicher Erklärungen der historischen Gegebenheiten.

Nun lässt sich nicht leugnen, dass biologische Analogien nicht bloß Launen der Natur sind, sondern naturgesetzlich aufgrund vergleichbarer Ursachen und Bedingungen entstandene Lebensformen. So haben Säugetiere wie Delphine und Wale eine fischähnliche Gestalt angenommen, weil das Leben im Wasser ihnen diese Anpassung an die Strömungsgesetze abverlangte.

Freilich sind die Säugetiere keine Fische geworden. Ihre Möglichkeiten sind andere. Auch der Mensch, obschon teilweise heruntergekommen zum Insekt, hat andere Möglichkeiten. Ob er sie erkennt und dann auch nutzt, ist die alles entscheidende Frage.

Die Beispiele sind hier nicht zitiert worden, um noch einmal auf die Parallele zwischen den kriegführenden Insektenstaaten und den kriegführenden Staaten in der „Zivilisation" hinzuweisen. Vielmehr legt der Vergleich nahe, eine biologische Komponente im Elend der „Zivilisation" zu vermuten.

Aber das ist nur eine Teil-Antwort auf die Frage nach dem Ausweg aus der Krise der Menschheit, aus der Sackgasse der Evolution. Eine Analogie kann nicht mehr hergeben. Die ganze Antwort ist nur von einer historischen Untersuchung zu erwarten, die den Zirkelschlüssen innerhalb der „Zivilisation" ausweicht und sozusagen von einem archimedischen Beobachter-Standpunkt aus das Kriegstreiben betrachtet und durchschaut. Der ideale historische Auskuck für diesen Zweck ist die Urgesellschaft.

3 Abteufung oder Zur Urgesellschaft

3.1 Überblick

2 Lineamente repräsentieren den Gang der Universalgeschichte:

a) die Wachstumskurve der Weltbevölkerung,
b) die Evolution der Rangordnung.

Bei den animalischen Ahnen des Menschen hat die Rangordnung eine große Rolle gespielt. Die hier nun vertretene These erkennt im Prozess der Anthropogenese als wesentliches Element das Schwinden dieses Verhaltenskomplexes zugunsten egalitärer und kooperativer Verhaltensweisen in der „Urgesellschaft".

Zu Beginn der Domestikation kehrt sich die Entwicklung um und zeitigt in der „Zivilisation" schließlich wieder deutliche Parallelen zu den streng hierarchischen Verhältnissen bei vielen Tierarten.

Symbolisch fasst die U-Form die Entwicklung zusammen. Sie besteht aus 3 Segmenten:

a) dem Abstrich oder U 1: Reduktion des Rangverhaltens,
b) dem Bogen oder U 2: egalitäre Urgesellschaft,
c) dem Aufstrich oder U 3: Re-Evolution des Rangverhaltens

Die 3 Segmente stehen für die 3 bedeutendsten Phasen der bisherigen Menschheitsgeschichte.

Ausgehend von der Basis der annähernd egalitären „Urgesellschaft" zeigt sich in beiden Richtungen der

Zeitschiene die zunehmend sich festigende Rangordnung. Die heute nächsten Verwandten des Menschen, Bonobos und Schimpansen, leben noch in Gruppen mit einer relativ lockeren Sozialstruktur. Bei den Pavianen herrscht bereits der „despotische Pascha".

Auf der anderen Seite erfolgt die Rückkehr zur Rangordnung bis in feinste Verästelungen in 2 großen Schritten:

a) Im Zeitalter der Domestikation oder Dorfkultur entstehen soziale Unterschiede vor allem durch mehr oder weniger Besitz.

b) Im Zeitalter der „Zivilisation" oder „Hochkultur" wächst die Gesellschaftspyramide monumental in die Höhe und Breite.

3.2   Indizien für die Ur-Égalité

3.2.1   Archäologisch

Unumstritten ist die biologische Tatsache der Rangordnung. „In jeder sozial strukturierten Gruppe von Säugetieren, gleichgültig wie ausgeprägt das Zusammenwirken ist, gibt es stets ein Ringen um die soziale Vorherrschaft, um die Rangordnung." (D. Morris)

Sowohl der zoologische als auch der „zivilisatorische" Tatbestand der Rangordnung ist unmittelbarer Erfahrung zugänglich. Allein der Basisbogen der U-Form, U 2 oder die „Urgesellschaft" der Sammler und Jäger lässt keinen direkten Einblick zu, und die Reduktion der Rangordnung in U 1 oder in der frühen Phase der Menschwerdung versteht sich auch nicht von selbst. Zeugen oder Zeugnisse gibt es nicht. Bleiben nur Indizien.

Zum Beispiel die oben genannten Ausgrabungsergebnisse von Çatal Höyük. In dem sehr großen Dorf scheinen die Einwohner ohne Zentralgewalt und entsprechende Hierarchie in kleinen Gruppen gelebt zu haben. War das überdimensionierte Dorf auch untypisch, so konnte seine soziale Ordnung doch kein „Zufall" sein.

Ganz normal war in Çatal Höyük und anderswo die Verehrung der „Magna Mater" und allgemein ein vom weiblichen Element bestimmter Kult. Vielleicht konservierten die religiösen Rituale wie öfters ältere gesellschaftliche Zustände. Mit Blick auf die später in den Städten von männlichen Gottheiten verdrängten Göttinnen war die Rolle der Frau in den frühen Dörfern und mehr noch vor der Domestikation wahrscheinlich weniger untergeordnet, wenn nicht gleichrangig.

Marilyn French dazu: „Der gängigen Geschichtsauffassung zufolge hat sich die Menschheit von einem Stadium «animalischer Wildheit», in dem wir lebten wie Raubtiere und die Frauen von den Männern an den Haaren in eine Höhle gezerrt wurden, zu einer zivilisierten Gemeinschaft entwickelt, in der Männer den Frauen beim Einsteigen ins Auto behilflich sind. Doch möglicherweise trifft in Wirklichkeit das genaue Gegenteil zu. Es spricht einiges dafür, daß die Menschheit dreieinhalb Millionen Jahre lang in kleinen, kooperativen Gemeinschaften lebte, in denen die Geschlechter gleichberechtigt waren, Frauen jedoch einen etwas höheren Rang einnahmen und mehr Achtung genossen als die Männer. Archäologische Funde aus der Zeit vor etwa zehntausend Jahren deuten auf Gemeinschaften hin, in denen weibliche Gottheiten verehrt wurden und egalitäre Harmonie und materieller Wohlstand herrschten."

3.2.2 Linguistisch

Das 2te Indiz für annähernd egalitäre Verhältnisse in U 2 oder der „Urgesellschaft" ist die Wortspache, deren Implikationen hier nicht vollständig analysiert werden. Es ist bis heute nicht geklärt, in welchem Zeitraum sich die menschliche Sprache entwickelte. Die Ansichten schwanken zwischen Ansätzen von 20 000 bis 200 000 Jahren. In jedem Fall lernte der Mensch das Sprechen schon sehr lange vor dem Zeitalter der Domestikation. Dass das Verständigungsmittel das Werk der ganzen Sprachgemeinschaft war und nicht etwa das Produkt einzelner Maulhelden und deren Reglementierwut, legt die Annahme einer egalitären Gesellschaft näher als die einer Despotie, besagt aber noch nicht, dass die „Urgesellschaft" überhaupt keine Hierarchie kannte. Umgekehrt rechtfertigt die Verwendung der Sprache als Herrschaftsinstrument heute nicht die Annahme, diesen Gebrauch der Sprache habe es von Anfang an gegeben.

Unser Kenntnisstand über die Geschichte der Anredeformen im Deutschen reicht nicht Jahrtausende zurück, denn so lange gibt es die deutsche Sprache noch gar nicht. Aber das Wenige, was man wissen kann, ist konkret und schon aufschlussreich genug.

Seit ungefähr 1000 Jahren genügt das bis heute noch dorfübliche du nicht mehr. Fürsten und vornehme Städter wollten „höflich" im Plural angesprochen werden. Der Pluralis majestatis Ihr hielt sich viele Jahrhunderte hindurch, bis alle Vornehmen sich edel ihrzten. Dann aber hatte die Oberschicht das deutliche Gefühl, diese Anrede sei zu gemein geworden. Schließlich erstarkte der Adel inzwischen zu absoluter Machtvollkommenheit. Es musste etwas Ehrerbietigeres her als das gemein gewordene Ihr. Das war die Anrede Er. Doch das Erzen sank schon bald zur Knechtsadresse ab. Da half das Siezen aus der Vornehmen-Verlegenheit und trat seinen Siegeszug an. Erst vor wenigen Jahrzehnten verlor das Sie an Prestige. Studierende und Sportler, Vereins- und Parteigenossen neigten in der Zeit der 68er zum linken Verbrüdern. Manchmal kam regelrechte Feindschaft zum Sie auf.

Die Tendenz ist zur Tradition geworden. Das ursprüngliche du bedrängt das Rangdistanz wahrende Sie. Übrigens im Schwedischen viel erfolgreicher als im Deutschen. In der jungen Generation eher als in der älteren. In den neuen Medien ebenfalls öfter als in den alten. Edward Sapir würde vielleicht von der „Richtung der sprachlichen Strömung" sprechen.

In der liturgischen Formel „Herr, erbarme dich!" ist die Rangordnung aus der Zeit vor der Verstaatlichung und Verstädterung in Mittel-Europa sprachlich dokumentiert. Noch war das Pronomen du/dich unangetastet. Die Substantiv-Anrede „Herr" brachte aber bereits klar das Faktum der Herrschaft zur Sprache. Die Lexik passt sich flexibler und schneller den gesellschaftlichen Veränderungen an als die Grammatik. Das du, viel älter als das Sie und das Ihr, älter auch als die Anrede „Herr", konnte sich vor 1000 Jahren noch in herrschaftlichen Kreisen behaupten, unter einfachen Leuten ohnehin. Es verweist zurück auf einen Zustand der Gesellschaft ohne Herren und Knechte und soziolinguistisch auf Verhältnisse, für die der Dual von großer Bedeutung war.

Für die Entwicklung der Wortsprache ist ein sehr langer Zeitraum von Jahrhunderttausenden wahrscheinlicher als einer von Jahrzehntausenden. Denn es waren anatomische Anpassungen der beim Sprechen aktiven Organe nötig, die nur mit evolutionärer Langsamkeit realisiert werden. Es wäre daher sinnvoll, die so genannte Steinzeit nach dem wertvollsten Werkzeug, das der Mensch in jenem fast unendlichen Zeitalter hervorgebracht hat, umzubenennen in Sprachzeit.

Steinerne Artefakte waren und sind nützliche Zeugnisse für die Arbeit der Archäologen; Ausweis der Menschheit und Dokument der Menschwerdung können sie nicht an erster Stelle sein; das ist der Wortsprache vorbehalten.

Ehe Menschen artikulierte Laute produzierten und sich dadurch besser verständigten, muss ein ganzes Zeitalter vorausgegangen sein, in dom dor evolutionäre Vorteil der Zusammenarbeit bereits wirksam war und den nötigen Druck zur verbesserten Kooperation durch verbesserte Verständigung ausübte. Die Gelehrten sind sich inzwischen ziemlich einig, dass der Wortsprache die Gebärdensprache vorausging.

Wie bedeutungsvoll eine wortlose Geste sein kann, weiß jede(r) aus dem Alltag. Wie schwierig andrerseits aber auch die sprachlose Verständigung sein kann, erfährt man im Umgang mit kleinen Kindern, die noch nicht sprechen können. Sie müssen ja nach dem biogenetischen Gesetz im individuellen Zeitraffer die Stammesgeschichte durchlaufen. Vor der Sprachfähigkeit helfen sich die Kleinen mit der Ausdruckskraft der Körpersprache.

Sind die mimischen und gestischen Äußerungen dann von Lauten begleitet, so dienen diese eher der Verstärkung. Die ersten Wörter der Babys sind insofern noch gar keine Wörter, sondern Gebärdenverstärker. Doch hat die bewusst zum Zweck der Verständigung gewählte Gebärde wie das Zeigen auf eine Person oder einen Gegenstand durch die Ablösung vom rein instinktiven Verhalten schon fast Wortqualität. Die Übergänge sind fließend. Das Vorfeld der Sprachentwicklung, die Herausbildung und Verfeinerung der Gebärdensprache, ist Teil der Sprachzeit, in der die erfolgreiche Zusammenarbeit durch Verständigung bereits die feste Vorgabe der Evolution war. Mangelnde Kooperationsbereitschaft und wiederholte Missverständnisse bestrafte die Evolution mit Minuspunkten in der Überlebensbilanz.

3.2.3 Ethnologisch

Das Bewusstsein der Unvereinbarkeit optimaler Kooperation und Kommunikation mit dem Gerangel um Machtpositionen hatten die Menschen möglicherweise schon sehr früh, sodass Abwehrmechanismen gegen das Konkurrenzverhalten und zugleich Strategien zur Erhaltung der solidarischen Égalité schon früh angewandt wurden. Ein Indiz dafür ist das Leben der Mbuti am Ituri. Die Pygmäen im afrikanischen Regenwald werden regelrecht zur Kooperation und Gleichheit von klein auf erzogen.
Wenn ein Mbuti-Kind etwa 3 Jahre alt ist, geht es wie seine „zivilisierten" Altersgenossen in den Kindergarten, genannt bopi. Das ist ein Spielplatz steinwurfweit von den Blätterhütten des Lagers entfernt. Anders als im „zivilisierten" Kindergarten haben Erwachsene im bopi keinen Zutritt. Und sollte sich doch einmal eine Frau oder ein Mann dorthin verlaufen, wird sie oder er von allen Kindern laut verspottet, verlacht und vertrieben.
Gleichaltrige lernen, dass sie lebenslang apuai sind, Brüder und Schwestern, unabhängig von der Familienzugehörigkeit. „Geschwister", die alles miteinander teilen.

Spiele mit Wettkampfcharakter kommen im bopi nicht vor, obschon keine alternative Erzieherin den Kindern beigebracht hat, dass Konkurrenzverhalten vom Übel ist.

Die kleinen Mbuti lernen früh, mit Feuer umzugehen. Ihnen ist es nämlich vorbehalten, morgens das Jagdfeuer zu entfachen vor dem Aufbruch der ganzen Gruppe zum Beutezug. Das Ritual ist Sache der Kinder, weil sie in der Vorstellung der Mbuti noch rein sind, noch nicht durch Teilnahme an der Jagd, am Töten gegen den Wald gefrevelt haben und dadurch den Wald günstig stimmen für die Jagd.

Wenngleich die Mbuti vollkommen angepasst an den tropischen Regenwald leben, nutzen sie die Nähe der Bantudörfer zum Austausch. Das Geben und Nehmen dauert schon so lange, dass die Waldbewohner nach dem Gesetz des Kulturgefälles die Sprache und andere Kultur-Elemente der Dorfbewohner übernommen haben. Von ursprünglicher Lebens- und Denkweise der Mbuti kann daher nur eingeschränkt die Rede sein. Diese, romantische Vorstellungen enttäuschende Tatsache kennzeichnet nicht nur die Situation der Pygmäen am Ituri, sondern mehr oder weniger die aller rezenten Sammler und Jäger. Nicht einmal die arktischen Inuit am Rande der Ökumene erlauben eine Parallelverschiebung des ethnologischen Befundes in die Cro-Magnon-Welt der Weichsel-Eiszeit.

Trotzdem, bei aller Divergenz der ethnologischen Beobachtungen gibt es einen Generalnenner. Das ist die Organisation im Familienverband, in einer überschaubaren Gruppe, in der sich alle Mitglieder bestens kennen.

Allerdings geht es nicht in allen Familienverbänden so egalitär zu wie bei den Mbuti. Die Kinder des Waldes sind aber deshalb nicht moralisch bessere Menschen als etwa die Kung in der Kalahari. Sie haben nur das Glück (heute muss man sagen: Sie hatten das Glück), im Schutz des Dschungels in einer intakten Umwelt zu leben, deren Nahrungsangebot vielfältig und ohne allzu große Schwankungen und Gefährdungen war. Dagegen zwingt die lebensfeindliche Eiswüste die Inuit zur Jagd als einziger Lebensgrundlage neben dem Fischfang. Das geringe Nahrungsangebot zerstreut den Familienverband weit übers Land in Kernfamilien und trennt diese noch einmal arbeitsteilig in den piniartok (Fänger), der hinaus muss ins feindliche Leben, und die von ihm abhängige arnak (Frau), die züchtig im Iglu oder Zelt waltet. Die deutliche Abweichung von der Égalité, dem Idealzustand, ist offensichtlich eine Anpassung an den Notstand, eine Notlösung. Auch der angakok (Schamane) der Inuit ist ein Mann für den Notfall, kein Häuptling. Wenn keine Krankheit oder Hungersnot die Menschen bedroht, ist der Tänzer und Trommler mit der geheimen Verbindung zur „Meeresgöttin" wieder ein Mann wie alle andern. So hart auch das Leben der an die widrigen arktischen Umstände angepassten Inuit war – das Verprügeln ihrer Kinder lernten sie erst von den Aposteln der westlichen „Hochkultur".

Von den 4 gesellschaftlichen Organisationsformen Familienverband, Stamm, Häuptlingsherrschaft und Staat ist die älteste und beständigste eindeutig der Familienverband. Heute nur noch in wenigen Rückzugsgebieten zu finden, aber während der Sprachzeit die einzige Organisationsform, nicht im Sinne einer bewussten Wahl der Organisation, sondern als die den Menschen in der „Urgesellschaft" natürliche Ordnung.

Seit der Domestikation wird diese uralte Institution allmählich überwuchert und degradiert durch übergreifende und kompliziertere Gesellschaftsgebilde. In der Retrospektive vom heute den Globus umspannenden Staatenkonglomerat verliert mit jedem Schritt zurück die Rangordnung an Bedeutung, bis sie sich in den frühen Dörfern des Domestikationszeitalters dem Nullpunkt oder Idealzustand bei den nomadischen Sammlern und Jägern der „Urgesellschaft" nähert.

Das evolutionäre Fundament der „Urgesellschaft" mit der Tendenz zur Égalité wiegt schwer. Die Realtät der Umstände macht freilich Abstriche vom Ideal not-wendig, wo wiederholte Notlagen die Menschen zu Notlösungen zwingen.

3.2.4 Genetisch

Der Faktor Mensch hat sich gegen alle Vereinnahmungsversuche und „Zivilisierungsprogramme" als resistent erwiesen und als Störfaktor behauptet.

Das seit Beginn der staatlichen Ära nicht abreißende Beben der Aufstände, Umstürze und Bilderstürme dokumentiert die katastrophale Instabilität der Institution Staat. Ursache ist die Inkompatibilität von Staatlichkeit und Menschlichkeit. Beweise, falls nötig, stehen jeden Tag in der Zeitung.

In seiner *Synchronoptischen Weltgeschichte* macht Arno Peters den unüberwindlichen Gegensatz und das größte Konfliktpotential der Geschichte sinnfällig, indem er die Rubrik *Kriege Revolutionen* als ein durch die ganze geschriebene Geschichte durchlaufendes Band abbildet. Die verzeichneten welthistorisch relevanten

Unruhen und Kämpfe sind natürlich nur das, was wie die sprichwörtlichen Spitzen der Eisberge sichtbar ist. Unterhalb der Wasserlinie bleibt die gewaltige Masse der wirklichen Auseinandersetzungen verborgen. Etwa die Revolten kleinerer Gruppen oder der Widerstand Einzelner gegen Herrschaftsanmaßung und Übergriffe staatlicher Stellen.

Die Konfrontation der Herrschenden und Beherrschten im Alltag ist aber nur ein Teil der unsichtbaren Herrschaftsgeschichte. Ein anderer birgt nicht weniger Zündstoff: Das ist der Krieg aller gegen alle im verschärften täglichen Wettbewerb, der innerhalb der Hierarchie mehr oder minder offen ausgetragen wird. Nach und nach erfasste er alle Menschen, auch die im entlegensten Dorf. Heute, im globalisierten Kapitalismus, treibt der forcierte Konkurrenzkampf die grellsten Blüten.

Steigende Kosten und vermehrte Opfer der Gewaltexplosion wurden und werden in Kauf genommen, seit die Erfinder der ersten Stadtstaaten zynisch kalkulierten, dass sie noch aus der größten Not der Regierten erkleckliches Kapital schlagen können.

Es war wie gesagt nur konsequent, die Domestikation nicht nur auf immer mehr Pflanzen und Tiere auszudehnen, sondern auch den Menschen zu domestizieren und dadurch die parasitäre Pyramide um eine weitere Stufe aufzustocken. Den Hirtenknüppel über ganze Dorf- und Stadtbevölkerungen zu schwingen, erwies sich für die Minderheit der Herrschenden als superprofitabel und herrlich machtmehrend.

Nur war die Sache extrem unsicher. Das numerische Ungleichgewicht zwischen den wenigen Ausbeutern und den vielen Ausgebeuteten, die Domestikationsnorm, und den wenigen Befehlshabern und den vielen Befehlsempfängern ließen sich durch überlegene Bewaffnung, Disziplin, Organisation und Brutalität meist ausgleichen. Aber die prinzipielle Austauschbarkeit von Herren und Knechten, das wussten die Regierenden genau, wich zu fundamental ab vom bewährten Domestikationsmodell, als dass sie keine unliebsamen Überraschungen bereithalten sollte. Alle Versuche, einen unüberwindlichen künstlichen Grenzfluss zwischen Obrigkeit und Untertanen zu schaffen, mussten früher oder später scheitern. Der Trick mit dem „Heiligenschein" und der „Göttlichkeit" verfing auf die Dauer ebenso wenig wie die Masche mit dem „blauen Blut" oder der relativ kurze Krampf mit der „Herrenrasse". Auch die Besitz-Burgen sind auf Sand gebaut wie Glücks- und Spekulationsspiele. Sie haben keinen Bestand, wenn sie auch augenblicklich die Welt hemmungsloser beherrschen denn je.

Trotz massiver Propaganda und skrupelloser Maßnahmen zur Aufrechterhaltung und Vertiefung der Apartheidsgräben blieb die Tatsache, dass alle Menschen einer Art und grundsätzlich gleich sind, eine durch nichts zu entschärfende Zeitbombe im Souterrain jedes Regimes.

Nicht zuletzt war und ist der system-immanente Machtkampf der Mächtigen untereinander bis zur Liquidierung der einen oder anderen Partei oder Person ein unablässig vor aller Welt wiederholtes Lehrstück über den wahren „Adel" der „Hoheit", das seine Wirkung nicht verfehlt.

Angesichts der grässlichen Szenen und Geschehnisse, denen die Menschen in der „Zivilisation" ausgesetzt waren und sind, wandten sich viele angewidert ab. Sie wählten einen Lebensweg in gehöriger Distanz zum Highway des „zivilisierten" Verkehrs. Das konnte im Extremfall Stadtflucht bedeuten, die so alt ist wie die Stadt. Viele Städter aber blieben, wo sie waren, und verschwanden nur in Gedanken und Träumen, systemverträglich. Die Idyllensträhne in allen Literaturen ist ein Beleg dafür. Schon im Gilgamesch-Epos wird Enkidu, der Held, der aus der Wildnis kam, romantisch verklärt.

Das Buch vom Dao (Dao-di dsching) verdankt seine Faszination (es ist das meistübersetzte Werk der chinesischen Literatur) dem zivilisationsfeindlichen Impetus. „Nicht eingreifen" ist seine zentrale These. Sie verurteilt den Oberkommandierenden zur Abrüstung, den Arzt zu Naturheilverfahren, den Lehrer zur Methode von Summerhill und den Gesetzgeber zur Untätigkeit. Denn: „Je größer die Zahl der Gesetze, desto größer die Zahl der Diebe und Räuber."

Der Zweifel an den Errungenschaften der „Zivilisation" konnte nicht tiefer sitzen, die Stadt nicht radikaler abgelehnt werden. Der Weg des Dao führt zum Urzustand zurück. Nichts anderes heißt die Negation aller „zivilisierten" Institutionen. Inkonsequent war es dann nur, das Buch vom Dao zu schreiben. Die Schreibkunst ist ja doch eine Leistung der Stadt. Die Verfasser und Leser des Buches waren offenbar zivilisationsgeschädigte Städter, die ihrem Unbehagen radikal Ausdruck gaben, ohne das Regime ernsthaft zu gefährden.

Das unterscheidet die Daoisten ein wenig von den Anarchisten gut 2000 Jahre später am anderen Ende Eurasiens. Die Ersteren liebäugelten mit dem totalen Ausstieg, ließen es aber gewöhnlich bei theoretischen Übungen bewenden; die Letzteren verabscheuten ebenso wie jene das Eingreifen, vor allem das harte und ungerechtfertigte Durchgreifen der Staatsgewalt, nicht wenige gingen jedoch einen Schritt weiter und strebten konkret die Abschaffung der verhassten, weil überall eingreifenden Staatsgewalt an.

Die dreiste Fortsetzung der alten Adelsherrschaft nach der Französischen Revolution brachte den Anarchisten Zulauf. Aus Schaden klüger geworden, forderten sie nicht mehr den Kopf des Königs, sondern die Abschaffung des gesamten Machtapparats, der auch ohne König gewalttätig war. Durch ganz Europa erstreckte sich der Sympathisantensumpf. Landarbeiter und Industrieproletariat trieb das nackte Elend den Anarchisten zu. Wem das Wasser bis zum Hals steht, dem muss man nur den berühmten Strohhalm hinhalten, und er wird danach greifen. Es waren aber auch nicht wenige Intellektuelle unter den Sympathisanten der Anarchisten. Der Geschichtsprofessor und Autor Jacob Burckhardt zum Beispiel, angewidert von der Tagespolitik und dem historischen Prozess im Ganzen, sagte das nicht so daher: „Die Macht an sich ist böse, gleichviel wer sie ausübe."

Wie wenig sicher die Herren im Sattel saßen, hatte die jüngste Geschichte gelehrt. Das machte den Herren Angst und verschärfte die Repression. Dies wiederum spielte den Anarchisten Trumpfkarten in die Hand. Es bestärkte sie in der Hoffnung, das staatliche System sei schon so marode, dass ein gelungener Coup genüge, das ganze Missgebilde wie eine windschiefe Bruchbude zum Einsturz zu bringen.

Einige ungeduldige Aktivisten gingen zur *Philosophie der Tat* über, um die Staatsgewalt durch Bombenterror noch weiter zu destabilisieren. Michail Bakunin war der bekannteste Anarchist dieser Richtung. Wie viele Bomben in staatlichem Auftrag gelegt wurden, um die Anarchisten zu diffamieren, ist nicht bekannt. Im deutschen

Sprachgebrauch jedenfalls ist die ganze Wortfamilie so stigmatisiert, dass sie nur noch zum schlimmsten Schimpf gegen extreme Oppositionelle taugt. Der historische Anarchismus nach der Französischen Revolution ist wie diese als Terror und nichts als Terror verunglimpft worden, obwohl die Anarchosyndikalisten und überhaupt die große Mehrheit der Strömung ja gerade aus der Empörung über die nackte Staatsgewalt lebte.

Nur ist hier wie anderswo zu beobachten, dass die Entrüstung über Gewalt nach dem Gesetz der Streuung im Extrem umschlägt in Gewalt. Dann sägen etwa junge Tierschützer schon mal die Stelzen der Schießbuden an, die Teil des edlen Weidwerks sind und eine Zier der Kulturlandschaft. Dann wirft ein politisch Aufgebrachter schon mal ein Ei auf den Anzug des Kanzlers. Etwas Unverschämtes, eine Ungerechtigkeit erfahren, aber so tun, als wäre nichts geschehen, ist verlogen und feige. Etwas dagegen zu tun, ist besser. Nur fehlt es zu oft an Geduld und Phantasie, den Tätern gewaltlos das Handwerk zu legen.

Die anarchistische Theorie war in sich stimmig. Wenn „die Macht an sich böse" ist, genügt es nicht, die Repräsentanten der Herrschaft auszutauschen – durch Revolutionen oder Wahlen. Vielmehr ist das System der Herrschaft abzuschaffen.

Die anarchistische Praxis hingegen war schlicht enttäuschend. Mit ihrem prinzipiellen Verzicht auf schlagkräftige Organisationen, deren Schlagkraft sie zu Recht fürchteten und ablehnten, traten die Anarchisten den hochgerüsteten Staaten praktisch waffenlos entgegen – bis auf die durchgeknallten Propagandisten der Tat.

Max Weber mochte die Gesinnungsethik der strikt gewaltlosen Anarchisten noch so rational finden, das aussichtslose Unterfangen der Anarchisten, mal abgesehen von der im Einzelfall in Befreiungsschläge umkippenden Frustration – verweist bei aller ethischen Stimmigkeit auf eine zutiefst irrationale Motivation der gesamten Bewegung. Kropotkin war der Erhellung des Phänomens sehr nah, als er in den *Memoiren eines Revolutionärs* schrieb: „Es trägt der Mensch in sich als noch nicht genügend gewürdigtes Erbteil aus der Vergangenheit einen Kern sozialer Gewohnheiten und Anschauungen, der nicht auf äußeren Zwangsmitteln beruht, sondern über sie erhaben ist."

Mit C. G. Jung kann dieses „Erbteil aus der Vergangenheit" als das kollektive Unbewusste erklärt werden, aus dem archotypische Erinnerungen in Traum und Phantasie aufsteigen können ins Wachbewusstsein.

In den Jahrhunderttausenden der Sprachzeit wurden ins menschliche Genom genetische Lettern geschrieben, die in unvorstellbar langer Zeit das Überleben der Familienverbände sicherten und jetzt noch das menschheitliche Denken gegen die Anpassungszwänge der „Zivilisation" immunisieren.

Der Klassiker, der mit einzigartiger Treffsicherheit diesen Sachverhalt belegt, ist das Dao-di dsching. Ohne die unmittelbare Erfahrung und den Forschungsertrag der vergangenen 200 Jahre zu ahnen, sprechen seine Verfasser von der Notwendigkeit der Rückkehr zum Urzustand, was gleichbedeutend ist mit einer radikalen Abkehr von der „Zivilisation", gleichbedeutend auch mit der Überwindung des Wahns, Waffen könnten den Frieden sichern, Buchwissen die Weisheit, Gerichte die Gerechtigkeit, Krankenhäuser die Gesundheit mehren. Alle Eingriffe in die Natur und die Gesellschaft werden als falsche und gefährliche „Fortschritte" verworfen, die wegführen vom Dao. Genauso entschieden wie gegen den „Fortschritt" wendet sich das Dao-di dsching gegen den „zivilisierten" Kult der Gewalt. Umkehr heißt: „Nicht eingreifen", erst recht: Nicht gewaltsam eingreifen.

Wenn diese Mentalität auch nicht gerade charakteristisch ist für Hegels Helden Alexander, Cäsar und Konsorten, ist sie doch als geschichtsmächtige Strömung durch die Jahrtausende recht gut dokumentiert. Manchmal sind Verbindungen zwischen einzelnen Erscheinungsformen der Ab- und Umkehr nachweisbar, persönliche Beziehungen oder Traditionslinien, meist aber ist es so wie im Verhältnis von Daoismus und Anarchismus: Die Gemeinsamkeiten sind nicht durch Austausch oder Abhängigkeit zu erklären, sondern allein durch den überall und jederzeit möglichen Zugang zum Tiefbrunnen des kollektiven Unbewussten.

Aufgewühlte Gesellschaften scheinen diesen Zugang zu erleichtern. Dann hat die Umkehr plötzlich eine Massenbasis. „Die streitenden Reiche" in China bereiteten so den Boden für den Daoismus, die Französische Revolution evozierte den Anarchismus, und als die „Zivilisation" in Nord-Indien große „Fortschritte" machte, scherten auch dort sehr viele Menschen aus der Marschkolonne der „Zivilisation" aus. Am Bekanntesten im Westen sind die Buddhisten, nicht ganz so präsent die Mahavira-Nachfolger oder Dschainas.

Diese sehr strengen Asketen der Gewaltlosigkeit eigne(te)n sich weniger zur Vereinnahmung durch die Regierenden als die flexibleren Buddhisten. Dschainas lehnen nicht nur den Kriegsdienst ab. Sie treiben nicht einmal Landwirtschaft, weil die Pflugschar den Boden aufreißt und dabei Tiere trifft und verletzt oder tötet. Der äußerste Flügel dieser Hindu-Religion, die Digambaras oder „Luftbekleideten", verzichten sogar auf den Besitz eines Kleidungsstücks und gehen nackt.

Nie hat es eine Gemeinschaft gegeben, die radikaler im Gegensatz zur „Zivilisation" gestanden hätte. Albert Schweitzer, selbst ein „zivilisierter" Aussteiger, rühmte einerseits die „absolute Ethik" der Dschainas: „Die Aufstellung des Gebotes des Nicht-Tötens und Nicht-Schädigens ist eines der größten Geschehnisse in der Geistesgeschichte der Menschheit."

Andrerseits fand der christliche Missionar dennoch einen Grund, sich vom Buddhismus und Dschainismus zu distanzieren. Doch seine Missbilligung der „Welt- und Lebensverneinung" des altindischen Denkens bleibt an der Oberfläche. Er sah nicht darunter die klare, dem kollektiven Unbewussten verpflichtete Absage an die „Zivilisation". Albert Schweitzer war ein Ausnahme-Europäer, der sich durch sein Leben und Denken dem ethischen Ideal näherte, aber sich dann doch nicht vom christlich-abendländischen Erbe lösen konnte.

Die Land- und Seeverbindungen zwischen Ost- und West-Eurasien waren vor 2 500 Jahren noch nicht so gut, dass der kontinentale Gedankenaustausch die Ursache für den geistigen Aufbruch auch in Europa gewesen sein kann. Vielmehr war hier wie dort der „Fortschritt" der „Zivilisation" der wahre Grund ähnlicher Reaktionen bei einem Teil der Bevölkerung. Besonders die durch den westlichen Traditionsfilter bevorzugten Ereignisse in Griechenland, wo die gegeneinander kämpfenden Poleis in selbstmörderischer Macht-, Ruhm- und Geldgeilheit wie die „Streitenden Reiche" in China und die kriegerischen Kleinstaaten in Nord-Indien den Weg ebneten für ein Großreich, galten lange im Westen als klassisch. Für Konservative noch heute das Bildungsgut schlechthin.

Auch Diogenes von Sinope ist im Abendland allgemein bekannt, freilich nicht als Held, Denker oder Sänger, sondern eher als eine Witzfigur oder Karikatur. Bezeichnend für die westliche Rezeption der Diogenes-Legende ist Bertrand Russells Behandlung der kynischen Schule in seiner *History of Western Philosophy*: „ … es war ganz gewiss keine Lehre, die darauf abzielte, Kunst, Wissenschaft und politische Theorie und Praxis zu fördern oder zu irgendeiner nützlichen Betätigung außer dem Protest gegen die Macht des Bösen anzuregen."

Wer wie Russell den Mangel an staatstragender Haltung bemerkt, hätte in Anlehnung an Jacob Burckhardt den Protest der Kyniker als gegen die „an sich böse" Macht gerichtet auffassen können. Doch der englische Lord lässt Antisthenes und Diogenes lieber gegen die Windmühlenflügel einer abstrakten „Macht des Bösen" ankämpfen. Den Ausdruck „Macht des Bösen" setzt er nicht mal zwischen distanzierende Anführungsstriche, ganz so, als lebte er heute als Regierungsberater in Washington.

Russells Urteil über die Kyniker deckt sich wie gesagt weitgehend mit dem im Westen gängigen: „Aristoteles ist der letzte griechische Philosoph, der die Welt heiter ansieht; alles Spätere ist in dieser oder jener Form eine Philosophie der Weltflucht."

Das bequeme Etikett „Weltflucht" an der Schublade für Unverstandenes. Wo das Verständnis schwerfällt, wird die Verlegenheit oft durch Gelächter zugedeckt. Diogenes war ja aber auch ein komischer Vogel: „Er war der Sohn eines verrufenen Geldwechslers, der wegen Münzfälschung ins Gefängnis gekommen war."

Zu Deutsch: ein Schmuddelkind. Kein Wunder, dass „Er beschloss, wie ein Hund zu leben ... Wie ein indischer Fakir lebte er vom Betteln. Er erklärte sich für den Bruder nicht nur des ganzen Menschengeschlechts, sondern auch der Tiere."

Very strange für einen Europäer von Adel.

Immerhin hat Russell der kynischen Schule gut 2 Seiten in seiner Philosophiegeschichte eingeräumt und in die amüsiert-distanzierte Darstellung ein paar interessante Details eingestreut. So erwähnt er Ähnlichkeiten der griechischen Randfiguren mit den Daoisten und den „indischen Fakiren", ohne freilich den Ähnlichkeiten weiter nachzugehen. Auch erwähnt er, dass Antisthenes wie Platon ein Schüler des Sokrates war, ohne aber deren diametrale Positionen zu vergleichen und zu erklären. Stattdessen psychologisiert er: „Antisthenes war ein bemerkenswerter Charakter; in mancher Beziehung hat er Ähnlichkeit mit Tolstoi."

Doch freundlicherweise verschweigt Russell nicht, was der Lehrer des Diogenes „unter freiem Himmel predigte": „Er glaubte an die Rückkehr zur Natur und ging in diesem Glauben sehr weit. Es sollte keine Regierung, kein Privateigentum, keine Ehe, keine festgelegte Religion geben."

Welthistorisch ein klarer Befund. Aber nach diesem Zitat fortzufahren: „Seine Nachfolger, wenn nicht er selbst, verurteilten die Sklaverei.", verrät das ganze Unverständnis des „Zivilisierten". Für ihn ist es nicht selbstverständlich, dass die Absage an die „Zivilisation" die Verurteilung der Sklaverei per se einschließt.

Wenn schon „einer der aufklärerischsten Geister des 20. Jahrhunderts" so verächtlich und nachlässig über die griechischen Kyniker informiert, erübrigt sich ein Hinweis auf das Urteil der gewöhnlichen Kompendienschreiber. Aber auch noch im Zerrspiegel westlicher Philosophiegeschichte ist die griechische Parallele zur chinesischen und indischen Fundamentalkritik an der „Zivilisation" erkennbar. Die Behauptung, indische Vorbilder oder Einflüsse hätten die kynische Schule hervorgerufen, hängt in der Luft ohne die historisch autochthone Basis des Peleponnesischen Krieges.

In einer Geschichte der Widerstandsbewegungen gegen die „Zivilisation" und der Abwendungen von der „Hochkultur" (nicht immer klar zu trennen von der Geschichte der Klassenkämpfe) würde ein vollständiges Bild der „Geschichte von unten" zu sehen sein. Wenn alle historisch nachweisbaren Tatsachen zusammengetragen wären, wäre das Bild nicht komplett ohne die Einbeziehung des Alltags, das heißt, ohne die namenlose Hilfsbereitschaft, Verständigung, Freundlichkeit, Kooperation und Menschlichkeit, das eigentliche Fundament der Gesellschaft, das seit den Anfängen der Sprachzeit noch immer trägt. 1000 mal zertreten von den Marschkolonnen der „Zivilisation", haben sich die ursprünglichen sozialen Eigenschaften des Menschen bis jetzt meist rasch wieder erholt wie die Grashalme nach einem Open-Air-Festival.

Ein Lebensberater in einer Sendung sagt: „Kinder lachen öfter als Erwachsene. Machen Sie es wie die Kinder! Entspannen Sie sich durch Lachen! Lachen Sie öfter!" Missionaren und Forschungsreisenden war schon immer aufgefallen, dass die Menschen der Wildnis fröhlicher waren als sie selbst und die Mehrheit der „Zivilisierten", die sie kannten. Selbst unter den unwirtlichsten Lebensbedingungen hatten die Bewohner der Arktis immer noch etwas zu lachen. Mal abgesehen von der Gewöhnung an die extreme Kälte, lag ihnen das Lachen näher, weil sie entspannter waren als die europäischen Beobachter. So entspannt wie Kinder in günstiger Umgebung auch noch in der „zivilisierten" Gesellschaft oft sind.

Der Kreis schließt sich nach dem bio- und soziogenetischen Gesetz. Jedes Tier und jeder Mensch durchläuft in seiner individuellen Entwicklung noch einmal im Zeitraffer die großen Stufen der Evolution. „Kinder lachen öfter als Erwachsene" ist eine versteckte Anspielung auf das einfache Leben. Eine bewusste oder unbewusste Erinnerung an die herrschaftslosen Zeitalter, die Wiege des Gewissens, die Sprachzeit, die „Urgesellschaft".

Keep smiling kommerzialisiert das Lächeldefizit der „Zivilisierten". Reklame versucht um jeden Preis, Produkte verlockend zu präsentieren. Ein probates Mittel zum Zweck ist anscheinend das strahlende Lachen der Reklametanten und -onkel. Selbst die Schweine auf den Anzeigen der Metzger und auf den Viehtransportern lachen, als freuten sie sich, gefressen zu werden.

Hinter der Clownsmaske der Reklame versteckt sich das traurige Gesicht der „Zivilisierten". Einerseits kalkulieren sie zynisch den Profit, der aus dem Verlust des Lachens zu holen ist, andrerseits suchen sie Trost in der schönen Scheinwelt des Konsums.

Wie das Lachen wird auch die ureigenste Begabung des Menschen zu Verständigung und Zusammenarbeit längst instrumentalisiert und ausgebeutet. „Teamfähigkeit" ist das Zauberwort und eine hochgelobte Schlüsselqualifikation, angemahnt von Managern prestigeträchtiger Wirtschaftsbranchen. Die Schulen, traditionell auf Befehl und Gehorsam angelegt als getreue Abbilder der

Gesellschaft, tun sich schwer, die Nachfrage zu bedienen. Sie sind, soweit progressiv, auf die Auslieferung so genannter mündiger Bürger und nützlicher Mitglieder der Gesellschaft programmiert.

Die Wirtschafts- und Bildungsexperten fordern „Teamfähigkeit" nicht etwa, weil sie glauben, auf hierarchische Steuerung und Kontrolle im Wirtschaftsprozess verzichten zu können. Die Leutchen haben lediglich herausgekriegt, dass Teamwork in bestimmten Fällen produktiver ist als die gewohnte und weiterhin dominierende Kommandowirtschaft. Die Mitglieder eines Teams dürfen ihre Teamfähigkeit innerhalb des Gesamtbetriebs beweisen, fürsorglich überwacht und gelenkt durch Auflagen und das übergeordnete Management.

3.2.5 Ethisch

Der ethische Diskurs gleicht einem Freistilwettkampf. Alles und nichts gilt. Das ist marktgerecht gedacht, wo es entweder heißt „anything goes" oder „rien ne va plus". Man nennt es postmodern. Für die Ethik galt das schon seit je, denn sie ist nur eine Disziplin der Philosophie, keine Wissenschaft oder besser:„Gewissenschaft". Je nach Weltanschauung oder Arbeitsfeld gibt es eine andere Ethik. Mithin ist Ethik gar kein Singular, sondern ein Plural. Ethics.

Wenn der streitbare Schopenhauer sie dennoch „die leichteste aller Wissenschaften" nannte, nahm er das Wort Wissenschaft nicht im strengen Sinn. Er wollte damit nur sagen, dass die meisten Übeltäter durchaus wissen, was sie tun. Doch darin irrte der Philosoph der *Welt als Wille und Vorstellung*.

Wie scheinbar einfach und wirklich schwierig schon das ethische Theorem ist (von der ethischen Praxis gar nicht zu reden), demonstriert Schopenhauer unfreiwillig in seiner *Preisschrift über die Grundlage der Moral*. Indem er „den obersten Grundsatz der Ethik, über dessen Inhalt alle Ethiker eigentlich einig sind", auf den Ausdruck zurückführt, den er „für den allereinfachsten und reinsten" hält: „Neminem laede; imo omnes, quantum potes, juva." (zu Deutsch: Verletze niemanden; hilf vielmehr allen, so viel du kannst.), beweist er, wie einfach die Ethik im Grundsatz ist (und auch schon vor 164 Jahren (11.840d) hätte sein können, wenn Schopenhauer den Satz durchs Latein nicht unnötig für manche LeserInnen erschwert hätte, aber da spielte Veblens Gesetz der demonstrativen Verschwendung Schabernack mit der Logik des Philosophen).

In derselben Schrift führt der Philosoph sich selbst noch einmal, nun allerdings im Grundsätzlichen, vor. Für einen schnöden Schweinebraten verabschiedet sich der Ethiker kurzerhand vom „obersten Grundsatz", weil „der Mensch durch Entbehrung der thierischen Nahrung, zumal im Norden, mehr leiden würde als das Thier durch einen schnellen und stets unvorhergesehenen Tod, welchen man jedoch mittelst Chloroform noch mehr erleichtern sollte".

Mit der Chloroform-Zugabe meldet sich noch einmal, wenngleich vom stärkeren Interesse geknebelt, das Gewissen des theoretisch und praktisch zuweilen glühenden Tierschützers zurück.

In einer Weltregion, in welcher sich nicht mal 5 Prozent der Bevölkerung vegetarisch ernährt, beginnt die ethische Debatte erst bei dem Für und Wider der Stammzellenforschung. Vor 164 Jahren lag der Anteil der VegetarierInnen in Mittel-Europa wahrscheinlich näher bei null Prozent als bei 1 Prozent und die Mentalität im martialischen Minusbereich, sodass Schopenhauers Einstellung zur „thierischen Nahrung", mehr von der totalen Kaubewegung rundum als vom „obersten Grundsatz der Ethik" bestimmt, verständlicher ist.

Analog spendet der Philosoph in genannter Moralpreisschrift dem, der „für sein Vaterland in den Tod geht", seinen Segen. Der ethische Salto mortale, den der Mann dabei vorexerziert, ist das glatte Gegenteil stringenten Denkens, dem armen Arthur auch wieder aufgeschwätzt vom allzu mächtigen Über-Ich, würde Freud sagen. Mit anderen Worten: vom vielstimmigen Chor der regionalen Tradition und globalen „Zivilisation". Makulatur sind alle emsig gesammelten Belege aus der Weltliteratur für seine Mitleidsethik. Der Philosoph leiht sein Ohr dem klassisch-römischen Gesäusel: „Dulce et decorum est pro patria mori." (Süß ist es und eine Ehre, fürs Vaterland zu sterben)

Der Riss, der durch Schopenhauers Gewissen und Bewusstsein geht, ist in der „Zivilisation" nicht die Ausnahme. Ein Beispiel aus der Zeitgeschichte, *die Erklärung der Menschenrechte* der UN, sei ein Beleg. Artikel 1 verkündet hochgemut: „Alle Menschen sind frei und gleich an Würde und Rechten geboren. Sie sind mit Vernunft und Gewissen begabt und sollen einander im Geiste der Brüderlichkeit begegnen."

Man hört deutlich das Echo des Rufs der französischen Revolutionäre: liberté, égalité, fraternité. Die nationalen Abgesandten bei den Vereinten Nationen unterschreiben das Papier in dem zynischen Bewusstsein, dass die anderen Vertreter auch gezeichnet haben, obwohl sie wussten, dass von Freiheit und Gleichheit aller

Menschen in keinem einzigen Mitgliedsstaat der UNO die Rede sein kann und vom „Geiste der Brüderlichkeit" noch viel weniger.

Eine Beweisführung erübrigt sich, wo die Tatsachen auf der Hand liegen. Ein besonderer Streitfall zwischen Macht und Gewissen in fast jeder Nation und ein weiteres Beispiel für den offenkundigen Zynismus in der „Zivilisation" ist die Frage des Kriegsdienstes, genauer: das Recht, ihn zu verweigern. Wenn ein junger Mann das verfassungsmäßig verbürgte Recht zur Verweigerung hat wie in der BRD, heißt das noch lange nicht, dass er sein Recht auch ohne weiteres bekommt. In der Verfassung steht nämlich noch etwas mehr: „Das Nähere regelt ein Bundesgesetz."

Also regelten die Regierenden, der Realpolitik zumindest so verpflichtet wie dem Gewissen, das Verfahren zur Anerkennung als Kriegsdienstverweigerer durch eine „Gewissensprüfung". Das Wort „Gewissensprüfung" fehlt im Duden. Auch *Das große Wörterbuch der deutschen Sprache* in 6 Bänden weiß nichts davon. „Zufall" oder schamvolles Schweigen?

Stanley Milgram machte mit seinem Experiment über Befehl und Gehorsam vor 4 Jahrzehnten Schlagzeilen. Das Ergebnis, eine Gehorsamsrate von 66 und mehr Prozent , widersprach allen Prognosen und löste öffentliches Entsetzen aus. Milgram erklärte: „Jeder Mensch hat ein Gewissen, das mehr oder weniger dazu beiträgt, die Triebbefriedigung, die anderen Schaden zufügt, zu verhindern. Doch wenn der Mensch seine Person in eine Organisationsstruktur einbringt, tritt an die Stelle des autonomen Menschen ein neues Wesen, das von seinen individuellen Moralvorstellungen nicht mehr eingeschränkt ist, das von der Behinderung durch Gebote der Menschlichkeit befreit ist und nur auf die Sanktionen seitens der Autorität achtet."

Der Sozialpsychologe hatte etwas entdeckt, mit dem er selbst ganz gut leben konnte. Bereits der erste Abschnitt seiner Analyse trägt den verräterischen Titel „Der Wert der Hierarchie für das Überleben". Gleich im 2ten Satz definiert er, „bei Vögeln, Amphibien und Säugetieren" gebe es „Herrschaftsstrukturen", bei Menschen „Autoritätsstrukturen, die eher durch Symbole vermittelt werden als durch unmittelbar physische Gewalt".

Das Beispiel für die Tüchtigkeit der Hierarchie, das ihm einfällt, ist allerdings „eine disziplinierte Miliz gegenüber einer aufgewühlten Menge".

Damit greift er ins volle Menschenleben, wie es sich auf US-amerikanischen Straßen seinerzeit abspielte. Von außen, das heißt, von der aufgewühlten Menge und Beobachtern wurde die Miliz, die eher durch unmittelbar physische Gewalt als durch Symbole das Straßenbild veränderte, wohl eher als Herrschaftsgebaren aufgefasst. Innerhalb der Miliz aber tat die Autoritätsstruktur alles, um die Reibungsverluste unter den Milizionären klein zu halten, vor allem „die deutliche Statusbestimmung" biete die Gewähr für reibungsloses Funktionieren, erklärte Milgram.

Das nächste Beispiel für den Überlebensvorteil der Hierarchie oder „Herrschaftsstruktur", das er anführt, ist ein Wolfsrudel: „Dass jeder Wolf seinen Platz innerhalb der Hierarchie akzeptiert, stabilisiert das Rudel. Das Gleiche trifft auf menschliche Gruppen zu ... "

Der Vergleich „zivilisierter" und natürlicher Wolfsrudel hätte den Forscher auf den Gedanken bringen können, dass die Wolfsorganisation in der Menschheitsgeschichte sogar den Wölfen in Menschengestalt nicht immer das Überleben garantierte. Doch schizophren wie Schopenhauer lässt er sich anderes einreden: „Ein Überblick über die Menschheitskulturen zeigt uns klar, dass ausschließlich gelenkte und konzentrierte Aktionen die Pyramiden errichten, die Gesellschaft des antiken Griechenland bilden und aus einer mitleiderregenden Kreatur, die um ihr Überleben ringt, den technischen Beherrscher des Planeten machen konnten."

Das ist ein Muster des „zivilisierten" Geschichtsbildes. Aber nach den im vorigen Kapitel gemachten Bemerkungen über die Menschenmaschine und über die ach so edlen Griechen erübrigt sich ein Kommentar.

Die Macht, Befehle zu geben, hatte Jacob Burckhardt „an sich böse" genannt. Milgram schiebt die Schuld dem Befehlsempfänger zu. Da er die Hierarchie für wertvoll hält, ja, für überlebenswichtig und die Pyramidenbauer so bewundert wie die edlen Griechen, mithin die Schablonen der „Zivilisation" seine Gedanken gängeln, kann er nicht den einzigen sinnvollen Schluss aus seinen Versuchsergebnissen ziehen und sagen, sein Experiment habe ein für allemal bewiesen, dass die Herrschaftsstruktur die Wolfsordnung ist, die Mordordnung, die Opfer und vor allem Feinde braucht, die sich aber auch gegen die Mitglieder des eigenen Rudels richtet, weil sie diese zu gewissenlosen Werkzeugen für die höheren Zwecke der Befehlsgewalt verurteilt.

Laut Artikel 1 der *Erklärung der Menschenrechte* haben alle Menschen ein Gewissen. Wenn das sich regt, treten Spannungen auf. Im Milgram-Experiment hielten sich die Stressgrade in Grenzen. In der Lebenswirklichkeit sind Zerreißproben aber an der Tagesordnung.

In der realen Gesellschaft ist die Bewertung der Gewissenhaften allerdings eine ganz andere als in der Theorie. Anpassung wird erwartet, Ungehorsam nicht geduldet. Kein Betrieb, keine Verwaltung und kein Verein hat Probleme mit den braven angepassten Unauffälligen. Problematisch sind überall die Verstockten, Trotzigen und Patzigen, unerträglich die Kompromisslosen und die Unnachgiebigen.

Milgram schrieb zwar in Anhang I seines Buches über das Experiment: „Zweck der hier dargestellten Untersuchung war es, Gehorsam und Ungehorsam gegen Autorität unter Bedingungen zu erforschen, die eine sorgfältige Durchleuchtung des Phänomens gestatteten."

Doch seine ganze Aufmerksamkeit galt den Folgsamen. In der Analyse widmet er der Gehorsamsverweigerung gerade mal 2 von 45 Seiten. Auf den 2 Seiten beschreibt er beinahe ausschließlich die Gefühle der Versuchsperson auf ihrem „beschwerlichen Weg". Ein einziges Mal streift er eine andere Frage: „Der Akt der Gehorsamsverweigerung erfordert die Mobilisierung innerer Kräfte ... " Was für Kräfte das sind, über die immerhin ein Drittel der Versuchspersonen in ausreichendem Maß verfügt, ist weder der Forschungsfokus im Experiment noch das Thema seines Buches mit dem Originaltitel *Obedience to Authority*.

Ohne Milgrams außergewöhnlicher Arbeit etwas von ihrem überragenden Wert absprechen zu wollen, ist gleichwohl festzuhalten, dass sie wissenschaftlich ein Torso bleibt, solange den ausgeblendeten Bestandteilen des Experiments nicht die gleiche Aufmerksamkeit geschenkt wird wie dem untersuchten Gehorsam.

Die erste Voraussetzung zu folgsamem Verhalten ist die Macht, Befehle zu geben. Wer nur über die elenden

Mitläufer und willigen Vollstrecker redet und klagt, setzt sich dem Verdacht aus, das Alpha der Befehlskette geflissentlich als naturgegeben hinzunehmen und gar nicht untersuchen zu wollen.

Das Omega der Befehlsstruktur ist der Ungehorsam. Nach Milgrams Darstellung hat es den Anschein, die Verweigerung sei das Ergebnis innerer Spannungen. Wenn die Spannung unerträglich wird, bricht der Kandidat das Experiment ab. Das erinnert an die Funktionsweise einer primitiven Sicherung, die bei zu großer Spannung durchbrennt. Milgram spricht von einem „Hemmungsmechanismus", den man als „Gewissen oder Über-Ich" bezeichne und der die Funktion habe, „Aktionen gegen die eigene Art" zu hemmen.

Doch die eklektischen Anleihen bei Physik, Psychoanalyse und Biologie, die er macht, um überhaupt etwas zum Gewissen zu sagen, wirken zusammengeschustert.

„Denn die Hauptaufgabe in jeder wissenschaftlichen Theorie über Gehorsam lautet: Welche Änderungen treten auf, wenn das autonom handelnde Individuum in einer Sozialstruktur verankert wird, in der es nicht mehr selbständig, sondern als Komponente eines Systems fungiert?"

Die für alle Unter- und Oberbefehlshaber erfreuliche Antwort lautet: Das Gewissen schrumpft auf die Schwundstufe oder: in einer Organisation „tritt an die Stelle des autonomen Menschen ein neues Wesen, das von seinen individuellen Moralvorstellungen nicht mehr eingeschränkt ist, das von der Behinderung durch Gebote der Menschlichkeit befreit ist ... "

Milgrams Begriff des Gewissens ist fragwürdig: zu mechanisch, zu negativ und mindestens so alt wie der Daimon des Sokrates.

Milgram war jemand, der die „Zivilisation" nicht in Frage stellte und ein typisch „zivilisiertes" Verhalten untersuchte, den Gehorsam. Im biologistischen Jahrhundert nach Wallace und Darwin, in dem für alles und nichts eine biologische Erklärung gesucht und gefunden wurde, nahm Milgram, dem Zeitgeist gehorchend, eine genetische Ursache für die hohe Gehorsamsbereitschaft an.

Nun setzt aber die Entstehung genetischer Anlagen sehr lange Zeiträume voraus. Das hypothetische Gehorsams-Gen hätte für seine Entwicklung allenfalls ein paar Tausend Jahre Zeit gehabt, das aber auch nur in dem Teil der Menschheit, der bereits von der „Zivilisation" erfasst worden war. In den Jahrhunderttausenden vorher existierte die „Autoritätsstruktur" noch nicht, deren Ingrediens der Gehorsam ist.

Milgrams Geschichtsbild entspricht einer aufsteigenden Geraden, die das Wolfsrudel und dessen „Herrschaftsstruktur" schnurstracks mit der „Autoritätsstruktur" der disziplinierten Miliz verbindet. Die Wörter „Herrschaftsstruktur" und „Autoritätsstruktur" passen dabei nicht zufällig genau in das Synonymen-Schema, in dem unter anderem „fressen" und „essen", „verenden" und „sterben", „trächtig" und „schwanger" zu finden sind. Die Hauptsorge der Verfechter der „zivilisierten" Hierarchie war es schon immer, zu trennen und zu teilen, sich abzusetzen und herauszuheben. „Apartheid" eben nach Klassen und Kasten, nach Hautfarbe und Religion, nach Sprache und Nation, nach Parteien in des Wortes eigenster Bedeutung. Der kategorische Imperativ der „Zivilisation" heißt „Divide et impera" oder „Teile und herrsche". Die Erhabenheit des Menschen über das „Vieh" ist die unverzichtbare Basis-Teilung, die seit der Domestikation in Kraft ist. Die Gegner der Evolutionstheorie stehen bewusst oder unbewusst in dieser triumphalen Tradition der Teiler und Herrscher.

Milgram übersah ein logisches Dilemma: Wie kann die Hierarchie einen „Wert für das Überleben" haben, wenn der Gehorsam als wesentlicher Bestandteil derselben „unserer Art nur eine bescheidene Überlebens-Chance lässt"? Das bleibt Milgrams Geheimnis.

In Wirklichkeit zeigt sich im Gehorsam kein „fataler Defekt, der unserer Art nur eine bescheidene Überlebens-Chance lässt", wie Milgram behauptet, sondern etwas durchaus Positives, nämlich Kooperationsbereitschaft, die freilich in der „zivilisierten" Hierarchie missbraucht wird. Milgram selbst liefert den Beweis. Die Gehorsamsbereitschaft tendierte gegen null, notiert er, wenn im Versuch die Voraussetzung „Gehorchen in einer Stimmung des Kooperierens" nicht gegeben war. Die Ideologie musste stimmen. Das Vertrauen in die Wissenschaft, die Täuschung der Versuchspersonen durch Milgram über die wahren Absichten des Experiments. Kurz: der Wahn als Zwillingsbruder der Gewalt.

Trotzdem kündigte etwa ein Drittel der Probanden die Mitarbeit auf, weil etwas anderes stärker war als ihre Kooperationsbereitschaft. Der Lauf der Befehlsmaschinerie wurde gestoppt, weshalb Milgram nur negativ vom Gewissen als einem „Hemmungsmechanismus" sprach.

Zynische Systeme versuchen, das Bremspotential, in dem ja Kraft steckt, gesellschaftlich zu nutzen und zu integrieren. Zum Beispiel in Klöstern. (Eigentlich verdiente das monastische Indiz eine gesonderte Untersuchung. Besonders das Gelübde der Armut mit der Folge des Bettelns um den Lebensunterhalt steht in auffälligem Gegensatz zur „zivilisierten" Gesellschaft mit ihrer demonstrativen Verschwendung und Zurschaustellung des Reichtums. Die hier behandelten Indizien könnten also noch um weitere ergänzt werden.)

Totalitäre Systeme bevorzugen die „Liquidierung", den „kurzen Prozess" und Gefängnisse, neuerdings auch geschlossene Anstalten der Psychiatrie, um die Bremseffekte des Gewissens zu minimieren und das System wie geschmiert funktionieren zu lassen. Kriminelle, Kranke und Verweigerer werden in einen Topf geworfen, weil sie allemal stören. Gegen Totalverweigerer wie George Fox tobte sich die ganze Wut der Gestörten aus.

Das Milgram-Experiment war also eigentlich eine Versuchsreihe über Kooperationsbereitschaft und unausweichlich auch über die Wirksamkeit des Gewissens. Auf den Prüfstand gestellt wurde „der oberste Grundsatz der Ethik" mit seinen beiden Imperativen „Hilf!" und „Verletze nicht!", allerdings getrennt und in Opposition zueinander gebracht. Der pervertierte Imperativ „Hilf mir und verletze die andern!" entspricht der Konzeption des Experiments, das in nuce die „zivilisierte" Hierarchie nachbildet. Das Gewissen konnte sich unter diesen Bedingungen fast nur als Hemmnis äußern gegenüber Handlungsanweisungen, die darauf abzielten, einem hilflosen Dritten Schmerz zuzufügen. Danach war das Programm des Gewissens die Gewaltlosigkeit.

Man könnte meinen, es hätte nicht des aufwendigen Experiments bedurft, um das herauszufinden. Aber es ist etwas anderes, eine bestimmte Vorstellung von einer Sache zu haben oder aber experimentell nachzuweisen, dass es sich so oder so gesetzmäßig verhält.

Milgram variierte die Versuchsanordnung systematisch und sehr einfallsreich, um zu erkennen, durch welche

Bedingungen die Gehorsamsbereitschaft, sprich: Kooperationsbereitschaft erhöht oder das Gewissen beruhigt werden konnte. Die Mannigfaltigkeit der Versuchsanordnungen macht den überragenden Wert des Milgram-Experiments aus.

Im grenzenlosen Versuchsfeld der Menschheitsgeschichte gibt es natürlich eine noch größere Variationsbreite. Schopenhauer etwa kannte „den obersten Grundsatz der Ethik" genau, hielt sich aber nur daran, wenn es ihm in den Kram passte. Damit bewies er ungewollt, dass ethisches Wissen nicht das Gleiche ist wie ein wirksames Gewissen.

Die indischen Dschainas versuchen, nach Möglichkeit kein einziges Tier zu verletzen, und gehen damit so weit über das „Neminem laede ... " Schopenhauers hinaus, dass es für sie schwierig ist, den Alltag zu bewältigen. Eine motorisierte Fortbewegung zum Beispiel kommt für sie nicht in Betracht wegen der Insekten und Vögel, die gegen das Fahrzeug prallen, und wegen der Bodentiere, die überfahren werden. Nicht zuletzt hält die Dschainas ein Blick auf die Unfallstatistik mit den Zahlen der menschlichen Verkehrsopfer von der Teilnahme an der „zivilisierten" Mobilität zurück. Dass alle Dschainas, auch wenn sie nicht als Mönche leben, Vegetarier sind, versteht sich nach dem Gesagten von selbst.

Das Bemühen der Asketen, nach dem Gebot der Ahimsa gewaltfrei zu leben, steht nicht nur im Widerspruch zur „Zivilisation", sondern ist auch zum Scheitern verurteilt, denn auch eine noch so rücksichtsvolle Lebensweise kann nicht verhindern, dass Menschen und Tiere ohne Absicht zu Schaden kommen. Das Beispiel der vegetarischen Ernährung macht das klar: Natürlich wird erreicht, dass kein „Nutztier" quälerisch gehalten und ebenso qualvoll transportiert und getötet wird. Das ist nicht wenig. Für sich persönlich tun die Dschainas noch etwas mehr, indem sie keinen landwirtschaftlichen Beruf ausüben. Die Arbeit überlassen sie anderen, die in Indien wohl meist ebenfalls Vegetarier sind, aber keine oder weniger Skrupel bei der Agrarproduktion haben. Das ist, freilich auf einer anderen Ebene, das Gleiche wie bei den mittleren Mittel-Europäern, die ihren Braten genießen, ohne je ein Schlachthaus betreten zu haben. Mag ein Dschaina sich auch weigern, in der Landwirtschaft zu arbeiten, um kein Tier beim Pflügen oder Mähen zu verletzen, solange er lebt, isst er oder sie, solange sie aber essen, verletzen und töten sie, freilich ungewollt und indirekt und in weit geringerem Umfang als die Tiervertilger. Das allzu weite Gewissen der Westler und der meisten übrigen Erdbewohner hält dagegen allzu bequemen Abstand zum Menschenmöglichen, zur zumutbaren Minimierung der Gewalt.

Genau genommen beginnt das Töten und Verletzen schon vor der individuellen Entscheidung für ein verantwortungsvolles Leben. Die „zivilisierte" Wachstumswirtschaft, agrarisch wie industriell, stört zuerst und zerstört letztendlich die Lebensgrundlagen vieler Tiere, dass sie nicht bloß als Individuen verdrängt werden, sondern als Art aussterben. Menschen sind ebenfalls die Opfer in diesem Prozess, zuerst die indigenen Bevölkerungen, zuletzt die Spezies Mensch, wenn die historische Linie nicht beizeiten ihre Richtung ändert.

Einen Aspekt des Gewissens hat Milgram mit wissenschaftlicher Präzision im Experiment untersucht, den die unmittelbare Beobachtung so exakt nicht fassen kann:

die Abhängigkeit der Gewissensregung von sinnlich wahrnehmbaren Reaktionen des Opfers. Je sicht-, hör- und fühlbarer das Zucken, Gestikulieren und Schreien, desto eher schlägt das Gewissen. Wenn hingegen gar keine Reaktion zu merken ist, gehen praktisch alle Probanden bis zum Äußersten.

Allein schon dieser Nachweis der Quantifizierbarkeit der Gewissensregungen wäre einen Nobelpreis wert gewesen oder eine vergleichbare Anerkennung durch die Welt der Wissenschaft. Milgrams Messung der moralischen Hemmschwellen macht erst den „Fortschritt" der Fernwaffen, von der Speerschleuder bis zur Rakete, ganz begreiflich. Der Auf- und Ausbau der Kommando-Distanz in der Menschenmaschine wirkte zur gleichen Zeit in die gleiche Richtung: Ruhigstellung des Gewissens der Täter. Das Resultat ist bekannt.

In einer Versuchsanordnung, bei der sich das Opfer im selben Raum befindet wie der Täter (VP), verweigern 60-70 Prozent der Versuchspersonen den Gehorsam. In Raumnähe und noch deutlicher in Berührungsnähe erweist sich „der oberste Grundsatz der Ethik" als wahr im Sinne von wahrscheinlich oder gesetzmäßig.

Die in der Nähe zum Opfer voll wirksame Verletzungs- und Tötungshemmung weist zurück auf die „Urgesellschaft". Nicht von ungefähr genügte damals die Hemmung in Raum- und Berührungsnähe, denn Verletzungen und Tötungen aus der Ferne gab es noch nicht. Erst seit den Erfindungen zu Beginn der Domestikation wird der Mensch zunehmend zum Opfer des „Fortschritts". Die fernwaffen- und herrschaftsfreie Zeit der Menschheitsgeschichte dauerte lange genug, um Wortsprache und Gewissen genetisch zu verankern, das heißt, um dem affenähnlichen Primaten die menschliche Option zu eröffnen.

Dass die Dschainas „den obersten Grundsatz der Ethik" verabsolutieren und auf alles animalische Leben ausdehnen, ist wahrscheinlich für durch und durch „Zivilisierte" kaum nachvollziehbar. Wer an Gewalt gewöhnt ist und sie für selbstverständlich hält, kann sich wie weiland der Staatsphilosoph Hegel nur lustig machen über die verrückten Inder, das heißt, über die von seiner rücksichtslosen Haltung und Lebensweise weit Abgerückten.

Auffällig ist das buntscheckige Bild der ethischen Normen in der Welt. Scheinbar eine breite Bestätigung der pluralistischen Postmodernen. In Ost und West, Nord und Süd ist partiell Positives neben Negativem die Norm. Dass die Gewissensunterschiede in verschiedenen Weltregionen, aber auch innerhalb ein und derselben Gesellschaft, Klasse, selbst Familie so immens sind, hat einen einfachen Grund: Als „Erbteil aus der Vergangenheit" erhält jeder Mensch nur eine Art „Urgewissen" oder Anlage zur reifen Menschlichkeit, eine Anlage, die vergleichbar ist mit derjenigen zur Erlangung der vollen Sprachkompetenz. Es hängt viel von der Sozialisation ab und von der gesamten Biographie, was für ein Gewissen der Erwachsene schließlich hat. Nach dem erwähnten Raumnähe-Experiment zu urteilen, hat die Evolution dem Kannibalismus ein Türchen offen gehalten, der schonenderen Option jedoch eindeutig den Vorzug gegeben.

Wenn die Versuchsanordnung modifiziert und das Opfer nicht neutral präsentiert würde, sondern schon durch den Augenschein klar abgewertet, wäre das Verhalten der Versuchspersonen mit an Sicherheit grenzender Wahrscheinlichkeit um Grade brutaler ausgefallen. Umgekehrt würde nach Milgrams eigener Überlegung das Ergebnis viel positiver aussehen, wenn ein Kind in die Rolle des Opfers schlüpfte. Die Bewertung des Opfers ist so etwas wie ein Tariergewicht, mit dem das Gewissen in die eine oder andere Richtung manipulierbar ist. Hier hat die Propaganda ihre Chance, und hier setzt auch alles Zureden und Überreden im Alltag an.

Diese Flexibilität der moralischen Instanz ist aber mitnichten das Gleiche wie X-Beliebigkeit. Die Evolution hat der Spezies ein Pendant zum Brems-Element eingebaut, einen Motor. Das ist, schlicht gesagt, die Hilfsbereitschaft. Milgram notiert, dass Versuchspersonen sich bei mangelnder Kontrolle allerhand Tricks einfallen ließen, um dem gequälten Opfer beizustehen.

In der Realität sind gefahrvolle Rettungsaktionen keine Seltenheit. Bedenkenlos stürzt oft ein Helfer ins kalte Wasser, um einen Ertrinkenden zu retten, oder in das brennende Haus, um jemanden vor den Flammen zu bergen. Er setzt sein eigenes Leben ein zur Rettung eines anderen. Die Spontaneität der Aktion, wo jede Bedenkzeit tödlich wäre, und die Überwindung des Selbsterhaltungstriebs in der Not verweisen auf eine Lebenssicherung, die schon in der relativ ungeschützten „Urgesellschaft" einen unschätzbaren Wert für das Überleben jeder einzelnen Gruppe und der Art insgesamt hatte. Sie war das feste Fundament der Gemeinschaft im Familienverband.

Die positive Kraft des Gewissens, die nicht bloß zurückhält wie Milgrams „Hemmungsmechanismus", sondern antreibt zur Tat, weicht ab von der Philosophie des „Nicht-Eingreifens". Sie mischt sich ein. Sie will die Not wenden, das Not-wendige tun.

3.3 Die Re-Evolution der Rangordnung

Wie einleitend zu diesem Kapitel erklärt, bedeutet U 3 in der Universalgeschichte die Renaissance der animalischen Rangordnung in der Dorf- und vor allem in der Stadtkultur. Dazu eine Meldung aus der Welt der Wissenschaft, Deutschlandfunk, „forschung aktuell", vom Anfang des vorigen Jahres (12.003d):

„Offenbar ist die Evolution flexibel genug, um abgelegtes Know-how im Bedarfsfall zu reaktivieren. Bei einem primitiven Vorfahren der Stabheuschrecken sind die Flügel zunächst verloren gegangen, dann aber im Laufe der Evolution dieser Insekten mindestens viermal neu erworben worden. Das beweisen amerikanische Forscher mit Hilfe von DNA-Sequenzvergleichen. Es ist das erste mal, dass eine Re-Evolutions-Ereignisfolge entdeckt wurde."

Ob Renaissance, Reaktivierung oder Re-Evolution, hier geht es um Milgrams „Autoritätsstruktur", die hierarchisch organisierte Gesellschaft, die im Lauf der vergangenen 12 000 Jahre im Zuge ihrer Etablierung eine ungeheure Machtfülle akkumuliert hat, von der Häuptlingsherrschaft bis zur Weltherrschaft. Milgram und mit ihm die Mehrzahl der guten Staatsbürger möchten mit Blick auf die Entwicklung nicht von Rückfall reden, schon gar nicht von Rebestialisierung. Weder auf „die technische Beherrschung des Planeten" noch auf deren Voraussetzung, die alles zermalmende *Menschenmaschine* möchten sie verzichten, obschon zumindest Milgram wusste, dass die traditionell auf Befehl und Gehorsam gegründete Gesellschaft keine Zukunft hat. Zu Recht nahm er an, dass es früher oder später Befehlshaber geben wird, die wie fast alle ihre Vorgänger in der Geschichte der „Zivilisation" die hohe Gehorsams- oder Kooperationsbereitschaft missbrauchen, um im Machtrausch die Menschheit ins Verderben zu kommandieren.

Es stellt sich die Frage, was denn die Menschen dazu gebracht hat, das einfache Leben in der mehr oder minder egalitären „Urgesellschaft" zugunsten der Wolfsrudel-Existenz aufzugeben. Das war ja doch ein schlechter Tausch, nicht nur in der Retrospektive von heute, sondern ganz besonders im konkreten Übergang vom relativ sorglosen „Naturzustand", in dem es viel zu lachen gab, in den ungewissen Experimentier-Zustand, zuerst in der Landwirtschaft, dann verstärkt in der Stadt, wo regelmäßig etwas schiefging. Vernünftige Gründe kann es für den Wechsel nicht gegeben haben. Es müssen sowohl irrationale als auch zwingende Gründe gewesen sein.

Unter anderem 4 Bedingungen trieben die Menschen nach und nach zur Wendezeit in die Enge:

a) ihre Findigkeit,
b) ihre Fruchtbarkeit,
c) der Klimawandel,
d) die Abwanderung in fremde Regionen.

Die bestens an die jeweilige Umwelt angepassten Sammler und Jäger hatten manchmal unter den Launen des Wetters zu leiden, wenn etwa ein tagelang anhaltender Schneesturm in der Arktis die Menschen zum Ausharren im Iglu zwang, bis die geringen Vorräte verbraucht waren und Hunger und Kälte lebensbedrohlich wurden.

Chronisch aber und überregional wurde der Notstand während des Klimawandels am Ende der letzten Eiszeit. Vor 12 000 Jahren war der Wechsel bereits beinahe abgeschlossen. Am härtesten traf es damals die Menschen

ardensprünge wurden nach 13 beziehungsweise 12 Jahren gemeldet. Und die Hochrechnungen sagen die Rundung der 7ten Mrd. noch für dieses Jahrzehnt voraus.

Offensichtlich ist in den vergangenen Jahrhunderten etwas geschehen, das erklärungsbedürftig ist.

Cipolla notierte vor 42 Jahren (11.962d): „Ein Biologe hat die Kurve des gegenwärtigen Bevölkerungszuwachses mit der Wachstumskurve einer Mikrobenpopulation in einem plötzlich von einer Infektion ergriffenen Körper verglichen. Der «Bazillus Mensch» erfüllt die Welt."

Cipolla hatte als Wirtschaftshistoriker seine eigene Erklärung: „Dann kam die industrielle Revolution. Und die Bevölkerung explodierte."

Den Beginn der Industrialisierung setzt Cipolla vor 250 Jahren an. Zu der Zeit war aber die beschleunigte Vermehrung der Bevölkerung schon im vollen Gang. Seine Erklärung, so griffig und gängig sie auch sein mag, ist also falsch.

Desungeachtet erschien „Der Bericht an den Club of Rome: Die Grenzen des Wachstums" (11.972d) mit einer ähnlichen Einschätzung ein Jahrzehnt nach Cipollas Publikation.

Als Ursachen für „das super-exponentielle Wachstum der Weltbevölkerung" werden darin genannt: die verbesserte medizinische Versorgung und ein größeres Nahrungsangebot. Doch die Helden der Hygiene Edward Jenner, Louis Pasteur, Robert Koch und Wilhelm Röntgen traten erst ziemlich spät auf den Plan. Sie haben das längst schon beschleunigte Wachstum nur weiter beschleunigt. Entsprechendes gilt für die bessere Versorgung der Bevölkerung mit Nahrungsmitteln.

Die Technologen des Massachussetts Institute of Technology (MIT) haben es sich zu einfach gemacht, als sie wie schon Cipolla die Industrialisierung an den Anfang der Entwicklung stellten. Sicher war sie ein Faktor von größter Bedeutung. Wie die wissenschaftliche Hygiene beschleunigte auch die Industrialisierung das Wachstum der Weltbevölkerung. Sie löste es aber nicht aus.

Richtig an der Ursachenbestimmung durch das Technologenteam ist lediglich die demografische Binsenweisheit, dass vor der Industrialisierung Sterbe- und Geburtenrate hoch waren und das beschleunigte Bevölkerungswachstum auf eine sinkende Sterberate zurückzuführen ist.

Man ahnt ohne viel Recherchen, dass Weltregionen, in denen Krieg, Hunger und Krankheit grassieren, demografisch eher auf der Stelle treten oder sogar zurückfallen, während von solchen Plagen verschonte Regionen demografisch ausreißen.

„Derartiges finden wir um 1430 in der Normandie vor: Die Bevölkerung dieser Provinz wurde auf 28 Prozent des Standes vor dem Hundertjährigen Krieg reduziert. Guy Bois spricht in diesem Fall zu Recht von einem «Modell Hiroshima».“ (E. Le Roy Ladurie)

Mittel-Europa wurde jahrhundertelang durch „Ritter, Tod und Teufel" kurz gehalten. Frankreichs Bevölkerung stieg dagegen schon vor der Industrialisierung außerordentlich. Bereits vor 500 Jahren war Paris die erste Großstadt nördlich der Alpen. In den folgenden 200 Jahren verschob sich der europäische Entwicklungsschwerpunkt von Italien in das nordwestliche Städte-Dreieck Paris-Amsterdam-London, von denen die beiden größeren zu Millionenstädten aufstiegen. Vor der Industrialisierung.

Dass Cipollas simple Formel „Dann kam die Industrialisierung. Und die Bevölkerung explodierte." nicht funktioniert, zeigt auch ein Blick auf den Osten Eurasiens. China war in der Anfangszeit des Mandschu-Regimes vor 350 Jahren bevölkerungsreicher als Europa, und es steigerte sich in etwa 150 Jahren noch einmal von 100 Mio. auf 300 Mio. Menschen. Vor 200 Jahren lebten in Europa nicht halb so viel Menschen.

Das Problem der grenzenlosen Zunahme der Weltbevölkerung am Ende der staatlichen Ära hat seinen Ursprung weder in der Industrialisierung noch überhaupt in Europa.

Der Erklärungsnotstand und das biologistische Erbe gaben selbst den untauglichsten Thesen eine Chance wie etwa dem Mikrobenvergleich. Aber die Zeit der Biologismen ist vorbei. Ein Vergleich mit der Kapitalverzinsung ist genauso überzeugend wie der mit der Bakterienvermehrung oder auch ebenso wenig.

Es ist unbestritten, dass das Extremwachstum der Weltbevölkerung neben einer biologischen auch eine ökonomische Komponente hat. Aber die historischen Ursachen der plötzlichen Vervielfachung der Anzahl Menschen sind damit noch nicht aufgedeckt.

In Ost- und West-Eurasien gab es außer den demografischen noch andere Prozesse exponentiellen Wachstums, die zudem eine interessante Parallele finden zu Beginn der „Zivilisation" vor 6 000 Jahren.

Um die Subsistenzwirtschaft der Dörfler im Domestikationszeitalter zu überwinden, waren technische „Fortschritte" eine Voraussetzung. Erfindungen und Entdeckungen brauchen aber eine Basis spezialisierter Erfahrung, kurz: Wissen.

Es ist eine Tatsache, dass zuerst in China und dann in West-Europa das Wissen exponentiell zu wachsen begann – wie die Bevölkerung.

4.2 Enzyklopädien

Vor 1 000 Jahren hatte der Osten Eurasiens einen klaren technologischen Vorsprung vor dem Westen. Europa war das Schlusslicht unter den mehr oder weniger „zivilisierten" Weltregionen. Rom, Paris, London waren gerade mal Kleinstädtchen mit ihren 10 000 bis 30 000 Einwohnern. Damals war Bagdad mit etwa 1 Mio. Menschen die größte Stadt der Welt.

Als der Enkel Dschingis-Khans, Kublai-Khan, Kaiser von China war, verfügte das Reich der Mitte über eine Armada, deren Schiffe größer, seetüchtiger und besser bewaffnet waren als die Windjammer, mit denen Jahrhunderte später die West-Europäer die Welt entdeckten und eroberten.

Anderthalb Jahrhunderte beherrschte China die südlichen Meere vom westlichen Pazifik bis zum westlichen Indik. Das große Land war technisch bestens gerüstet für die Erkundung und Eroberung der Welt. Doch bevor die ersten portugiesischen Segler im Indischen Ozean kreuzten, hatte China den Flottenbau eingestellt und im Übersee-Geschäft die Segel gestrichen.

Der unerklärte Wettstreit zwischen Ost- und West-Eurasien wurde nicht im Indischen Ozean entschieden. Er wäre dort auch nicht entschieden worden, wenn die chinesische Armada die portugiesischen Galeonen vertrieben hätte. Vielmehr überflügelte der Westen den Osten durch die ungehinderte transatlantische Expansion, durch die Entdeckung, Eroberung, Besiedlung und Ausbeutung Amerikas. Doch zugleich nicht minder durch den Auf- und Ausbau der Wissenschaften.

Wesentliche technische Vorbedingung zur beschleunigten Vermehrung des Wissens war im Westen die

Erfindung des Buchdrucks mit beweglichen Elementen vor etwa 550 Jahren, eine Technik, die in China schon 4 Jahrhunderte früher erfunden worden war.

Chinas Vorsprung schien auch noch vor 500 Jahren uneinholbar zu sein. Seine weit größere Bevölkerung war geeint im Zentralstaat. Auch in puncto Masse und Verfügbarkeit des Wissens hatte China einen entscheidenden Vorteil. Seine jahrtausendealte Literatur war durch die ebenso alte Einheitsschrift allen Gebildeten zugänglich. Übersetzungen waren nicht erforderlich.

Daher nimmt es nicht Wunder, dass Johann Heinrich Zedlers *Großes vollständiges Universallexikon aller Wissenschaften und Künste*, vor 250 Jahren die umfangreichste Wissenssammlung in Europa, mit 68 Bänden relativ schwächlich dastand neben der chinesischen Enzyklopädie jener Tage mit 5 000 Bänden.

Wenn jemand das Zahlenverhältnis von 68 zu 5 000 für maßlos übertrieben hält, kann er oder sie ins Britische Museum in London gehen und selbst nachzählen. Spätere Ausgaben des Mammutwerks (laut Peter Burke „das mit mehr als 750 000 Seiten aller Wahrscheinlichkeit nach umfangreichste Druckwerk der Weltgeschichte") sind unter anderem in den Universitätsbüchereien von Hamburg und Leipzig zu bestaunen.

Zu unsterblichem Ruhm brachte es aber weder die chinesische noch die deutsche *Enzyklopädie*, sondern die französische, die Encyclopédie. Ihr erster Band erschien vor 253 Jahren (11.751d). Ihm folgten in 3 Jahrzehnten weitere 34 Folianten einschließlich zweier Indexbände. Durch Masse glänzte die Encyclopédie offenkundig nicht. Ihr Geist zeichnet sie aus, der Geist der „Aufklärung". Besonders ein Licht unter den berühmten lumières verschaffte ihr die Leuchtturmswirkung über die Länder des

Westens: der Autor und Herausgeber Denis Diderot. Er organisierte die Edition, hielt allen Pressionen stand und schrieb außerdem über 1 000 Artikel für das Hauptwerk der „Aufklärung".

In seinem längsten Beitrag ist die Encyclopédie selbst das Thema. Diderot nennt darin Sinn und Zweck des Unternehmens: „Damit die Arbeit der vergangenen Jahrhunderte nicht nutzlos für die kommenden Jahrhunderte gewesen sei, damit unsere Enkel nicht nur gebildeter, sondern zugleich auch tugendhafter und glücklicher werden und damit wir nicht sterben, ohne uns um die Menschheit verdient gemacht zu haben."

Über die Autoren, mit deren Hilfe er das hochgesteckte Ziel zu erreichen hofft, schreibt Diderot im selben Artikel: „Was den Menschen, den ich mir zum Autor wünschen könnte, betrifft, so soll er standhaft, gebildet, rechtschaffen und wahrheitsliebend sein. Gewissermaßen keinem Land, keiner Sekte, keinem Stand angehören, über die Vorgänge zu der Zeit, in der er lebt, so berichten, als wäre er 1 000 Jahre entfernt, und über die Vorgänge in dem Ort, in dem er wohnt, als wäre er von ihm 2 000 Meilen entfernt."

Die Charakterskizze hebt den enzyklopädischen und menschheitlichen Geist der „Aufklärung" hervor, der sich literarisch angekündigt hatte in Maranas *l'Espion Turc* und Montesquieus *Lettres Persanes*, den Briefromanen über Paris aus türkischer und persischer Perspektive.

Im Gegensatz zum Ideal das Feindbild des Aufklärers: „Es gibt engstirnige Köpfe und boshafte Seelen, die dem Schicksal der Menschheit gegenüber gleichgültig sind und die sich derart auf ihren eigenen kleinen Kreis beschränken, dass sie nichts außer ihrem eigenen Interesse sehen. Diese erwarten, dass man sie «gute

Staatsbürger» nenne, und ich bin damit einverstanden, wenn sie mir gestatten, sie «schlechte Menschen» zu nennen."

Bestgehasst waren natürlich die Zensoren, die dem Herausgeber und Autor dauernd bei der Arbeit über die Schulter sahen. Diderot verstand es aber, die Spitzel zu überlisten. Unter ihren Augen schmuggelte er verbotene Gedanken über die Grenzen, die Staat und Kirche zogen. Zum Beispiel nutzte er das Verfahren der Querverweise öfters sozusagen augenzwinkernd. Damit die LeserInnen sie auch beachteten, erklärte er: „Wenn diese Verweise, solche zur Bestätigung und solche zur Widerlegung, rechtzeitig vorgesehen und geschickt vorbereitet werden, können sie einer Enzyklopädie den Charakter geben, den ein gutes Lexikon haben soll. Dieser Charakter zielt auf die Änderung der herkömmlichen Denkweise ab."

Dass die Zensur diese Sätze unbeanstandet ließ, ist erstaunlich. Dem Ancien Régime war mittlerweile alles suspekt, was eventuell die Tendenz hätte haben können, das Bestehende in Frage zu stellen.

Die Encyclopédie hatte wie das Trojanische Pferd einen voluminösen Rumpf, in dem viel Platz für versteckte Feinde war. Die Regierenden witterten die Gefahr und reagierten immer gereizter. Als 6 Bände gedruckt waren, bedrohte ein königlicher Erlass jeden mit der Todesstrafe, der etwas Beleidigendes gegen Kirche oder Staat veröffentlichte. Der Verkauf der Encyclopédie wurde verboten. Die Staatsanwaltschaft fand genügend Anhaltspunkte für eine Verschwörung gegen Altar und Thron.

In diesem Klima äußerster Repression setzte Diderot die Arbeit an der Encyclopédie dennoch fort, auch nachdem d'Alembert und Voltaire dem Druck nachgegeben und ihre Mitarbeit aufgekündigt hatten.

Wie der Fortgang der Ereignisse lehrt, waren die Befürchtungen der geistlichen und weltlichen Herren nicht unbegründet. The wind of change blies ihnen ins Gesicht.

Zu erkennen, woher der Wind wehte, waren die Herrschaften zu sehr anderweitig beschäftigt. Also richtete sich ihr ganzer Zorn gegen die Intellektuellen, die der Erneuerung das Wort redeten, die aber gar nicht die Verursacher der Verschiebung der Gewichte waren. Nur, der Überbringer der schlechten Nachricht muss sich darauf einstellen, sich unbeliebt zu machen.

Da Staat und Kirche nicht offen angegriffen werden durften, geschah es in der Encyclopédie verdeckt. Voltaire zum Beispiel begann seinen Beitrag zur Geschichte (Histoire) so: „Die Geschichte der Ereignisse unterteilt sich in die geistliche und weltliche Geschichte. Die geistliche stellt sich in all den göttlichen und wunderbaren Handlungen dar, durch die Gott nach seinem Willen einst das jüdische Volk führte und uns heute in unserem Glauben leitet.

Auf diesen ehrwürdigen Gegenstand werde ich hier nicht eingehen."

In dieser Art der Nicht-Behandlung der „geistlichen Geschichte" mochten die gewieften LeserInnen den Schlachtruf Voltaires erkennen *Écrasez l'infâme*! Und sich amüsieren oder ärgern.

Der nicht eben sehr bigotte d'Holbach schlüpfte mit einem anderen Trick durch die Maschen der Zensur. In seinem Artikel über Priester (Prêtres) ist hauptsächlich und zuerst von den Priestern der „Heiden" die Rede. Natürlich lässt er kein gutes Haar an ihnen. In allen Zeitaltern und Weltregionen findet er nur Lug und Trug, Machtgier und Grausamkeit. Schließlich kommen die christlichen Priester doch auch noch an die Reihe. Sie werden ebenso scharf attackiert und der gleichen Verbrechen bezichtigt wie ihre „heidnischen" Kollegen. Höhe- und Schlusspunkt der knappen Invektive ist die Barbarei der Inquisition. d'Holbach schließt seinen Beitrag mit dem Satz: „Anders liegen die Dinge in den vom Licht der Vernunft und der Philosophie aufgeklärten Landstrichen, wo der Priester niemals vergisst, dass auch er Mensch, Untertan und Staatsbürger ist."

Diderot stand den besten Autoren in der Kunst des Kassiberns in nichts nach. Den Artikel Menschenfresser (Anthropophages) ziert am Ende der Querverweis auf den Artikel Eucharistie.

Die Encyclopédie sollte durch Wissen und eher verdeckte als offene Kritik das Denken verändern. Sie machte hauptsächlich Front gegen alles Wahnhafte wie Irrtümer und Vorurteile, Aberglauben und Schwärmerei, aber auch die Artikel gegen Gewalt: Folter, Krieg, Sklavenhandel, Grausamkeit, entsprangen keinem primitiven Sammlertrieb.

4.3   Der Urtext

Der Kampf der „Aufklärung" ging notwendigerweise gegen die doppelte Repression durch Kirche und Staat. Der Druck der einen Instanz war untrennbar mit dem der anderen verbunden wie in einem System kommunizierender Röhren. Wahn & Gewalt, das Markenzeichen der „Zivilisation", präsentiert sich nach dem Gesetz der historisch-geographischen Adaptation in christlich-abendländischer Kostümierung.

Mochten die Operationsfelder und Kampftaktiken der Aufklärer auch ganz unterschiedlich sein, im Urtext der französischen „Aufklärung", dem Samisdat-Werk des Jean Meslier, sind die Frontlinien entschieden und klar gezeichnet:

„Wenn alle, die genauso gut wie ich, oder eher noch besser als ich, die Eitelkeit der menschlichen Dinge kennen, die viel besser als ich die Irrtümer und den Betrug der Religionen kennen, die viel besser als ich die Missbräuche und Ungerechtigkeiten der Herrschaft über die Menschen kennen, wenigstens am Ende ihrer Tage sagten, was sie darüber denken, wenn sie das alles wenigstens, bevor sie sterben, in dem Maße anprangerten, verurteilten und verdammten, wie es dies verdiente, dann sähe man die Welt bald ihr Gesicht und ihre Gestalt verändern; man lachte bald über all die Irrtümer und all die eitlen und abergläubischen Verrichtungen der Religion, und man sähe bald diese ganze prachtvolle Größe und diesen ganzen stolzen Hochmut der Tyrannen fallen; man sähe sie bald gänzlich bezwungen."

Dieser barocke Satz ist kennzeichnend für Mesliers Stil. Ohne den Witz und die Gewandtheit der bekannten lumières unterscheidet sein Text sich von den Schriften der Jüngeren wie das Urgestein von gemeißelten Stücken. Sein Werk ist die Antwort auf sein Leben unter den Bedingungen des Ancien Régime. Meslier kannte das Kartell von Wahn & Gewalt, sprich: Kirche und Staat, aus leibhaftiger Erfahrung. Niemand hat die menschenfeindliche Doppelspitze so klar erkannt und so entschieden verurteilt wie der Landpfarrer aus der französischen Grenzprovinz.

In das Zusammenspiel (im Komplizen-Deutsch: Amtshilfe) gewähren die bischöflichen Akten Einblick, wo sie über eine Begebenheit in einem Dorf in den französischen Ardennen berichten.

Es war die Zeit kurz nach dem Ende des „Sonnenkönigs" Ludwig 14. Der Seigneur von Etrépigny, besagtem Ardennendorf, hatte einige Bauern misshandelt. Daraufhin unterließ es der Priester Meslier in der sonntäglichen Messe, den Grundherrn wie üblich der Fürbitte der Gemeinde zu empfehlen. Dem Seigneur entging die Strafpredigt ohne Worte nicht. Über die unerhörte Abweichung vom gewohnten Ritual beschwerte er sich beim zuständigen Erzbischof in Reims. Prompt wurde der Dorfpfarrer gerügt und angewiesen, das Versäumte umgehend nachzuholen.

Am folgenden Sonntag hörten die in der Kirche versammelten Dörfler von ihrem Pastor:

„So ergeht es den armen Landpfarrern allenthalben. Die Erzbischöfe, selbst reiche Herren, schauen verächtlich auf sie herab und hören sie nicht an. Für die adeligen Herrschaften aber haben sie stets ein offenes Ohr. Schließen wir also den Seigneur in unsere Fürbitte ein. Lasst uns für Antoine de Toully zu Gott beten, dass er seinen Sinn ändere und ihm die Gnade erweise, dass er die Armen nicht mehr misshandelt und die Waisen nicht mehr beraubt."

Für solches Bekenntnis zur Wahrheit und Gerechtigkeit hatte der Seigneur kein Verständnis. Das Maß der Frechheiten war voll. Diese Laus von einem Landpfarrer hatte es gewagt, ihn, den hochwohlgeborenen Herrn, öffentlich zu maßregeln. Erneut reichte er Klage beim Erzbischof ein. Der wies Meslier an, den vollständigen Predigttext vorzulegen.

Die Antwort auf den Wortlaut ließ nicht lange auf sich warten. Der den aufrechten Gang probende Pastor wurde in die Zentrale zu Reims zitiert.

Dort war die Sache nicht mit einer ernsten Aussprache abgetan. Erst nach einem Zwangsaufenthalt von einem

Monat durfte der aufmüpfige Pfarrer die Heimreise antreten. Wie man ihn konkret ins Gebet genommen hat, ist nicht protokolliert.

Wahrscheinlich hat man ihm eindringlich klar gemacht, was seine Pflicht und Schuldigkeit sei, und dass er, falls er der noch einmal nicht nachkomme, unausweichlich so behandelt werden würde wie jener Uneinsichtige, der vor einiger Zeit zu Reims lebendig verbrannt worden war.

Meslier begriff die Lektion. In den Akten des Bischofs finden sich keine weiteren Klagen über den Landpfarrer aus den Ardennen. Meslier hatte einsehen müssen, wie ohnmächtig er dem Wahn & Gewalt-Kartell gegenüberstand. (Im Milgram-Experiment hieß das: „Sie haben keine Wahl. Machen Sie bitte weiter!")

Aber Meslier dachte nicht daran, seinen Widerstand aufzugeben. Er fing an, ein Doppelleben zu führen. Nach außen hin tat er brav seinen Dienst. Insgeheim aber sammelte er wachsam und geduldig Beweis um Beweis, das heißt, unabweisbare Tatsachen, eigene und anderer Erfahrungen und Schlussfolgerungen.

Im Laufe der Jahre wuchs das Manuskript auf über 1000 Seiten an. Der Form nach eine Predigtreihe, bestimmt für seine Gemeinde, der Absicht nach eine Aufforderung an alle „Leute von Geist und Autorität, die Partei der Gerechtigkeit und der Wahrheit zu ergreifen und all die schlimmen Irrtümer und Zustände, den abscheulichen Aberglauben und die ganze abscheuliche Tyrannei anzuprangern und zu bekämpfen, bis sie vernichtet wären."

Meslier entsetzte das Schweigen so vieler gelehrter und bedeutender Männer, die durchaus über die Lage der unterdrückten Mehrheit im Bilde waren. Der Kleriker Meslier betont wie die Inder Braspati und Carvaka 2.300 Jahre vor ihm, dass Herrschaft auf Täuschung sich stützt, auf die Mythen über Götter und Dämonen, die wie die Religion insgesamt dazu erfunden worden seien, die Leute zu trösten und zu ängstigen, um sie gefügig zu machen für die Herrschenden. Der „Teiggott" bestehe aus Mehl und Wasser, und der Rest sei genauso profan.

Das waren zu seiner Zeit starke Worte, öffentlich geäußert mit dem Tode bestrafte Verbrechen. Im Verborgenen machte der arme Landpfarrer seiner lebenslangen Wut auf die Herrschenden in noch stärkeren Worten Luft:

„Ach, meine lieben Freunde, wenn ich die Hohlheit und die Unsinnigkeit jener Irrlehren, die man euch unter dem Deckmantel der Religion beigebracht hat, richtig kenntet, wenn ihr wüsstet, wie ungerecht, wie unwürdig man die Macht über euch, die man sich erschlichen hat, unter dem Vorwand, euch zu regieren, missbraucht.

Ihr empfändet sicher nur Verachtung für all das, was man anbeten und verehren lässt, und nichts als Hass und Empörung gegenüber all denen, die euch betrügen, euch so schlecht regieren und so schändlich behandeln.

Dies erinnert mich an den Wunsch, den ein Mann einmal äußerte, der weder die Wissenschaft kannte noch Bildung besaß, dem es aber offensichtlich nicht an Urteilskraft mangelte, um all die ekelerregenden Missstände und verabscheuenswerten Willkürherrschaften, die ich hier anklage, richtig einzuschätzen. Sein Wunsch und die Art, seinen Gedanken in Worte zu fassen, zeigen, dass er recht scharfsichtig war und tief genug in dieses abscheuliche Mysterium der Bosheit, von dem ich gerade rede, eingedrungen war, da er so gut dessen Urheber und Förderer kannte.

Er wünschte, dass all die Großen der Erde und alle Adligen mit den Gedärmen der Priester erhängt und erwürgt werden sollten."

Meslier bedient sich einer Figur. Er hält Distanz zum Wunsch des namenlosen Mannes. Zugleich aber hebt Meslier die Urteilskraft und den Scharfsinn des Anonymus hervor.

Das ist Mesliers eigene Urteilskraft, sein eigener Scharfsinn, womit er wie kein anderer das Grundproblem der „zivilisierten" Gesellschaft erkannt und der „Aufklärung" entschieden Richtung und Ziel bestimmt hat.

Die geringe Distanz zum Wunsch des unbekannten Mannes zeigt sich in Mesliers anschließender Äußerung. Er wünschte sich „die Gewalt eines Herkules, um alle gekrönten Ungeheuer und ihre Lakaien zu erschlagen".

Das waren keine frommen Wünsche, aber verständliche und menschliche, allzu menschliche in Anbetracht der Umstände. Glücklicherweise besaß Meslier mehr Verstand als Kraft. Den benutzte er aber nicht wie die berühmten Physiker und Rechner seiner Zeit, um der steinigen Natur die Fallgesetze und ähnliches abzuluchsen, sondern wie Montaigne und Marana, die er oft zitiert, konzentrierte er sich ganz auf die Natur der „zivilisierten" Gesellschaft, speziell auf ihren bestialischen Kern im Zeichen von Wahn & Gewalt.

Statt auf herkulische Kraft baute Meslier auf eine List. Wohl wissend, dass er nichts anderes hatte, um sein Ziel zu erreichen, als das aufklärende Wort oder das „Zeugnis der Wahrheit", folgt der Abbé einem subversiven Plan. Er vervielfältigt sein Manuskript eigenhändig, wartet bis kurz vor seinem Tod und hinterlegt erst dann je eine Abschrift in mehreren Pfarrämtern. Zeitbomben, die nach der umsichtigen und gründlichen Vorarbeit pünktlich zündeten.

Schon bald kursierten Kopien seiner Schrift in Paris, natürlich nur unter der Hand. Für ein vollständiges

Manuskript zahlten liquide Interessenten ein kleines Vermögen. An die Drucklegung aber wagte sich niemand. Das Buch wäre auch sofort beschlagnahmt und verbrannt worden.

Für Leute mit Spürsinn und Geld war es dennoch nicht allzu schwierig, sich die heiße Ware zu beschaffen. Der Mann, der gemeinhin als die Verkörperung der „Aufklärung" gilt, Voltaire, war reich und findig genug, ein komplettes Manuskript aufzutreiben. Es spricht für Voltaire, dass er mit dem (P)Funde wucherte. Er ließ das „Zeugnis der Wahrheit" unter den lumières zirkulieren.

Dem großen Publikum gegenüber zeigte sich Voltaire weniger generös. Er gab eine stark gekürzte Fassung unter dem Titel „Das Testament des Abbé Meslier" heraus. Eher eine Entstellung. Der Herausgeber war so frei, den Urtext der französischen „Aufklärung" zu einer Waffe für seinen Kampf gegen die Kirche umzuschmieden. Durch seine gezielte Auswahl verfälschte er Mesliers Werk. Vor allem unterschlug er die vernichtende Kritik an den Regierenden. Wer so mit einem Werk umspringt, schätzt es nicht wirklich.

Keine Frage, die beiden Männer dachten und empfanden so verschieden, dass man die Gemeinsamkeiten suchen muss. Wo der Geistliche alle Gottheit als Lüge und Wahn demaskiert, verteidigt der Weltmann den Deismus und stellt neben sein Landschloss in Ferney eine Kapelle. Wo der arme Landpfarrer die erlebte Ungleichheit durch Besitz und Befehlsgewalt als unmenschlich anklagt, erklärt der verwöhnte Höfling achselzuckend, in der „zivilisierten" Welt gebe es nun mal unabänderlich 2 Klassen, die Reichen und die Armen.

Die Beziehungen des Herrn Voltaire zum Adel waren so gut wie sein Verhältnis zum Geld. Er dachte überhaupt nicht daran, die bestehende Gesellschaft in Frage zu stellen. Revolution war seine Sache nicht. Als erfolgreicher Schriftsteller von europäischem Rang kritisierte er, was ihm nicht gefiel, auf gefällige Weise.

Zum Beispiel verabscheute Voltaire außer der Kirche auch den Krieg. Eindrucksvoll beschwor er die ganze Grausamkeit und Aberwitzigkeit des größtmöglichen Verbrechens. Aber nach den Ursachen zu fragen, fiel ihm nicht ein. Meslier dagegen wurde nicht durch Gedanken an den Beifall des Publikums und durch Rücksicht auf den eigenen Besitzstand daran gehindert, im Krieg den wahren Ausdruck der bestehenden Wahn & Gewalt-Verhältnisse zu erkennen. Er hatte den Krieg der Herrschenden gegen ihre Untertanen täglich vor Augen.

Darum war „Aufklärung" für Meslier Vorbereitung auf die Revolution. Ihre Vorwegnahme im Gedanken.

Meslier setzt in seinem Untergrundbuch nicht auf Wissen, erst recht nicht auf Vielwisserei. Sein „Zeugnis der Wahrheit" zielt auf die Frage, was die Ursache des Unglücks der Menschen sei. Seine Antwort heißt treffsicher: Wahn & Gewalt oder geistige und physische Unterdrückung durch Kirche und Staat.

Sein Laboratorium ist seine dörfliche Umwelt, sein Instrumentarium sein Gewissen.

Das sind Voraussetzungen, die nichts kosten und über die laut Artikel 1 der Erklärung der Menschenrechte jeder Mensch verfügt. Was sein Untersuchungsergebnis von anderen Textproduktionen unterscheidet, ist, mal abgesehen vom Stil, über den Voltaire spöttelt, die Präzision seines Gewissens. Seine Arbeit ist kein Kunstwerk, sondern eine Bestands-, nein, Gesellschaftsaufnahme und zugleich eine Gebrauchsanweisung zur Gesellschaftsveränderung.

Sein Zeitgenosse Newton brauchte für seine Arbeit über die „Optik" überhaupt kein Gewissen. Seine Präzision war die der Mathematik und der photographischen Beobachtung. Der Master of the Mint, Präsident der Royal Society, Leiter der königlichen Sternwarte Greenwich und für seine Verdienste zum Ritter Geschlagene war eine Stütze des Staates und der anglikanischen Hochkirche.

Dass Voltaire den Mann trotzdem wie einen Aufklärer feierte, sagt einiges über Voltaire, aber wenig über Newton und die „Aufklärung".

Immerhin war der berühmteste Schriftsteller Europas so vorurteilsfrei, dass er auch ganz anderen Engländern und Insel-Institutionen mit Sympathie begegnete. Zum Beispiel lobte er die Society of Friends. Doch seine Begeisterung über sie blieb im Rahmen; ihnen widmete er kein Buch.

George Fox und seine Leute haben durch ihre Existenz eine gern unterschlagene oder vergessene Komponente der „Aufklärung" manifestiert. Dem allzu oft ausgeblendeten Bestandteil der „Aufklärung" verdankt die Menschheit den wenn auch schneckenhaften „Fortschritt" in den „Menschenrechten", in der „Gleichberechtigung" der Frau, in den Rechten der Kinder, der Gefangenen, der Tiere und nicht zuletzt im Völkerrecht.

Das „inner light" des George Fox und seiner Leute hat in den innovativen Taten der Friends welthistorische Leuchtkraft bewiesen, wo es um die genannten Rechte ging, von der Sklavenbefreiung in den USA bis zur Schulspeise für die Kinder im kriegszerstörten Deutschland.

Bemerkenswert in diesem Kontext ist, dass Voltaires Ruhm als Aufklärer großenteils seinem öffentlichen Eintreten für die Rechte von Justiz-Opfern zuzuschreiben ist.

Es ist die Frage, wer Diderots Distanz-Bedingung besser erfüllte: der arme Landpfarrer Jean Meslier mit seinem Doppelleben oder der arbeitslose Weberssohn George Fox, der sich berufen fühlte, sein Dorf „wie ein Fremder" zu verlassen. Der Anspruch des Gewissens ist in beiden unüberhörbar. Jeder auf seine Weise steht dem Naturwissenschaftler Newton gegenüber als die unabdingbare Ergänzung im Bild der „Aufklärung". Was der eine Grundlegendes für das neue Weltbild geleistet hat, haben die anderen ebenso epochal für das neue Menschenbild getan. Alle 3 sind exemplarisch für den geistigen Aufbruch der europäischen „Aufklärung", leider auch für deren Einseitigkeiten und Halbheiten. Wie den beiden Predigern die Naturwissenschaften fremd sind, fehlt dem Mann aus Cambridge nicht nur das absolute Gehör für die „Stimme des Gewissens"; die Überlieferung attestiert ihm diesbezüglich vielmehr eine starke Neigung zur Harthörigkeit. Mit Diderot: Newton war ein „guter Staatsbürger".

4.4 Diffamierungen

In einem gängigen Kompendium (*Kleine Weltgeschichte der Philosophie* von H.J.Störig) handeln 3 Seiten von der *Aufklärung in Deutschland*. Das fängt schon gut an: „Außer in England und Frankreich erfuhr die Aufklärung auch in Deutschland ihre besondere, der deutschen Eigenart und der geschichtlichen Lage entsprechende Ausprägung. Sie ist im ganzen, vor allem auch in ihrem Verhältnis zur Religion, viel weniger radikal als die französische."
Mit anderen Worten: Hier hat die „Aufklärung" nicht stattgefunden. Störig verweist auf die „deutsche Eigenart"

und die „geschichtliche Lage". Den Bleimantel der Verhältnisse, den Provinzialismus, Militarismus, Klerikalismus, Obskurantismus und mehr Unarten nennt er lieber nicht beim Namen.

Doch soll nicht verschwiegen werden, dass der Autor dem aufklärerischen Denker Immanuel Kant fast 50 Seiten gönnt. Da erfährt das Publikum dann, dass Kant der „Höhepunkt" war, dass er „die europäische Bewegung der Aufklärung zur Vollendung geführt und zugleich auf einer höheren Stufe überwunden" hat.

Wenn es schon keine Aufklärung in Deutschland gab, allenfalls ein Echo im deutschen Wald, dann wenigstens ihren Vollender und Überwinder.

Zu der Zeit, als „der Störig" noch in der ersten Auflage im Handel war, vor knapp 50 Jahren, wurde westdeutschen OberstufenschülerInnen ein *Deutsches Lese-Buch* zugemutet, in dem unter anderem Kants berühmter Aufsatz *Was ist Aufklärung?* abgedruckt war, falls von Abdruck die Rede sein kann, wenn der Herausgeber den Originaltext von 7 Seiten auf eine einzige zusammenstreicht. Die radikale didaktische Reduktion war nicht einmal kenntlich gemacht, geschweige denn begründet. Schüler zu verschaukeln war vor Pink Floyds *We don't need no education* noch normaler als danach. Pennäler jener Generation, die später den vollständigen Aufsatz lasen, genossen im Nachhinein Anschauungsunterricht über die Aufklärung in Deutschland.

Kein Text wird so oft und ganz selbstverständlich mit der „Aufklärung" in Verbindung gebracht, jedenfalls in der BRD, wie Kants *Beantwortung der Frage: Was ist Aufklärung?* Habermas kann nicht umhin, den kleinen Aufsatz hochzujubeln zu „einem Text, der den philosophischen Diskurs der Moderne gewissermaßen eröffnet".

Die Betonung muss auf „gewissermaßen" liegen. Denn das beste Bisschen an dem Stück Text ist der Passus: „Wenn denn nun gefragt wird: Leben wir jetzt in einem «aufgeklärten» Zeitalter? So ist die Antwort: Nein, aber wohl in einem Zeitalter der «Aufklärung»."

Die Klarstellung, die alle Generationen nach Kant besser auswendig gelernt hätten, weil sie vielleicht manches Missverständnis hätte verhindern können, diese Klarstellung geht etwas unter in den Ergebenheitsadressen an den Diktator, dessen Zynismus („Räsonniert, so viel ihr wollt, und worüber ihr wollt; nur gehorcht!") Kant als die große Freiheit feiert.

Und als wäre dem obersten Dienstherrn nicht schon genug der Ehre angetan, komplimentiert der untertänigst preußische Professor den absolutistischen Herrscher obendrein in den Club der Aufgeklärten. Seitdem können Geschichtler aller Couleur, die vom „aufgeklärten Absolutismus" schwafeln, sich auf das leuchtende Vorbild aus Königsberg berufen.

Kants Kotau vor der personifizierten Staatsgewalt wertet seinen Aufsatz ab zu einem Zeitdokument, das die „Aufklärung" nur streift und sehr erklärungsbedürftig ist. Die Ausgangsfrage wird kaum beantwortet, der erste Satz des Textes aber so oft zitiert, dass man ihn womöglich für die Antwort hält.

Während indes dem Königsberger Erkenntnistheoretiker und Aufklärer noch mildernde Umstände zugebilligt werden können, haben Historiker von heute keinen Anspruch auf solche Nachsicht, wenn sie krumm vor Ehrerbietung und unaufgeklärt oder einfach gedankenlos Friedrich 2 noch stets das Epitheton ornans anhängen. Wer nicht wenigstens die Richtigstellung Engelmanns über die angebliche Aufgeklärtheit und Toleranz des Preußenkönigs zur Kenntnis genommen hat, wer noch immer nicht

weiß, dass Friedrich 2 mitnichten die Folter, das Spieß-
rutenlaufen, die Zensur, die Prügelstrafe abgeschafft hat,
sondern im „Frieden" so brutal und unmenschlich war wie
im Krieg, sollte schweigen und nachdenken, statt sich
der Gewaltverherrlichung schuldig zu machen.

Was ganzen Schülergenerationen in der Bismarck-Ära
über die „Aufklärung" eingetrichtert wurde, ist nachzu-
lesen im Werk des königlichen Kreis-Schulinspektors
Polack: *Geschichtsbilder aus der allgemeinen und
vaterländischen Geschichte, Leitfaden für mittlere und
höhere Schulen.*
Der Schulmann fasste sich kurz: „Mit Rousseau und
den ähnlich gesinnten Schriftstellern Montesquieu und
Voltaire († 1778) hebt die Zeit der sogenannten «Aufklärung» an. Diese freisinnigen Denker bekämpften
und verspotteten in ihren Schriften alle in Kirche, Staat
und Gesellschaft bestehenden Ansichten als verjährt
und der Natur und Vernunft völlig widersprechend. Von
Frankreich verbreitete sich die «Aufklärung» zu allen
gebildeten Nationen und übte einen gewaltigen Einfluß
auf Fürsten und Völker aus. Zu ihrem Gefolge gehörten
«Rationalismus» (Vernunftglaube) und Unglaube."
In deutschen Schulen wird traditionell an Geist und Geld
gespart. Aber das Beispiel lässt sich nicht einfach abtun
als Spreu aus der Dreschmaschine der deutschen Schule. Es hängt ja wie das vorige Schulexempel fest an der
Kausalkette der Tradition in Deutschland, wo laut Störig
die „Aufklärung" „im ganzen ... viel weniger radikal als
die französische" war.

Nicht minder pikant und auch kaum minder prägend als
Kants berühmter Aufsatz ist die *Dialektik der Aufklärung*

von Horkheimer und Adorno, vielmehr ein weiteres Glied in der Kette der Kausalitäten der Kausa Aufklärung in Deutschland.

Laut Vorrede wollten die Autoren ergründen, „warum die Menschheit, anstatt in einen wahrhaft menschlichen Zustand einzutreten, in eine neue Art der Barbarei versinkt".

Hätten sie schlicht gefragt, warum es schlechter statt besser wurde im Jahrhundert der blutigsten Kriege, wäre die Frage nur allzu berechtigt und verständlich gewesen. So aber irritiert die Metaphorik der Fragestellung. Denn wenn die Menschheit noch nicht „in einen wahrhaft menschlichen Zustand" eingetreten ist, steht sie noch draußen davor in einem nicht „wahrhaft menschlichen Zustand", mithin in einer höheren Art der Barbarei, von der aus überraschenderweise der Zutritt „in einen wahrhaft menschlichen Zustand" wie über eine magische Gangway denkbar erschien. Statt an Bord des Luxusliners zu gehen, fiel die Menschheit von der kollabierenden Brücke und versank im Brackwasser zwischen Kai und Schiff.

Horkheimer und Adorno waren durch den Zusammenbruch der bürgerlichen „Zivilisation" ins Unglück gestürzt wie Millionen andere und fragten sich, wie es dazu kommen konnte.

Der erste Text in der *Dialektik der Aufklärung* hat den Titel *Begriff der Aufklärung*. Was „Aufklärung" sei, war ja weder durch Kant noch durch andere bekannte Aufklärer eindeutig und konsensfähig bestimmt worden. Die angekündigte Klärung des Begriffs konnte auf ein gespanntes Interesse in der Leserschaft rechnen.

Doch schon über dem ersten Satz beschleicht einen der Verdacht, der im 2ten zur Gewissheit sich verdichtet, dass nämlich die Autoren zwar von „Aufklärung" reden, aber offenbar etwas anderes meinen.

Satz 1: „Seit je hat Aufklärung im umfassendsten Sinn fortschreitenden Denkens das Ziel verfolgt, von den Menschen die Furcht zu nehmen", so weit so gut; doch der Satz endet hier nicht, vielmehr folgt unvermittelt: „und sie als Herren einzusetzen;" in das erstaunte Innehalten ob der Herrschaftskompatibilität der „Aufklärung" platzt schon der Nachsatz: „aber die vollends aufgeklärte Erde strahlt im Zeichen triumphalen Unheils."

Mit welchem Recht, fragt sich unwillkürlich, wer das liest, welcher abstrusen Logik folgend reden Horkheimer und Adorno von der „vollends aufgeklärten Erde" und das in Verbindung mit dem Hiroschima-Prädikat: „strahlt im Zeichen triumphalen Unheils"?

Den Hochlehrern der Frankfurter Schule war doch Kants Klarstellung geläufig. Das beste Bisschen aus seinem Aufsatz. Selbstverständlich kannten sie Condorcets nüchterne Einschätzung auch, „dass die Aufklärung nur erst einen geringen Teil der Erdkugel erreicht hat und die Anzahl der wirklich Aufgeklärten vor der Masse der Menschen verschwindet, die dem Vorurteil und der Unwissenheit ausgeliefert sind."

Wie konnte den Autoren dennoch allein schon angesichts der Millionen und Abermillionen Analphabeten die „vollends aufgeklärte Erde" auch nur in den Sinn kommen, geschweige denn nach reiflicher Überlegung aufs Papier? Reiht sich nicht in die Kolonnen der Aufklärungsgegner ein, wer so einen Satz veröffentlicht?

Ihren Angriff tarnen die Professoren in der *Vorrede* mit der Ausrede: „Die dabei an Aufklärung geübte Kritik soll einen positiven Begriff von Aufklärung vorbereiten, der sie aus ihrer Verstrickung in blinde Herrschaft löst."

Der negative Begriff ist die in Herrschaft verstrickte „Aufklärung", der gute Zweck der Dialektik die Befreiung der Verstrickten. Aber befinden sich die Herrschaften dabei nicht in der Rolle des Feuerwehrmanns, der den selbst gelegten Brand zuvorderst bekämpft?

Der Kardinalfehler Horkheimers und Adornos ist ihre verkürzende und dadurch diffamierende Gleichsetzung von Wissen und „Aufklärung", genauer: von herrschaftsfrommer naturwissenschaftlicher Wissensmehrung.

Für die Gleichsetzung scheint zu sprechen, dass Bacon Lordkanzler war, Kant, Voltaire und andere sich mit Friedrich 2 verbündeten und so weiter.

Das uralte Bündnis zwischen Macht und Wissen ist nicht zu leugnen. Der Fortschrittmacher der „Zivilisation" seit Sumer. Er gab auch dem Aufbruch in Europa den Anschub und unterstützte die Spitze der „Aufklärung" gegen den alles überwuchernden Wahn. Mehr dazu in 4.7

„Exemplarisch" für *Das Elend der Aufklärung* in Deutschland nennt der Literaturkritiker Heinrich Vormweg „die Verfolgungsgeschichte", das heißt, die Wirkungsgeschichte der Werke Wielands hierzulande.

„Anderthalb Jahrhunderte lang hat man sich bemüht, Wieland den Deutschen auszutreiben. Das ist geglückt, ist trotz aller neuerlichen Bemühungen der Sachverhalt. ... Der Grund ist: er war ein früher Aufklärer. ... Am 2. Juli 1773 bereits wurde Wieland das Opfer einer Bücherverbrennung. ... Der Göttinger Hain-Bund feierte Klopstocks Geburtstag, und in Bardenbegeisterung verbrannten die jungen Dichter, die sich unter heiligen Eichen für Deutschtum, Vaterland und Reinheit verschworen hatten, Wielands Komische Erzählungen und sein Fratzengesicht aus dem Taschenbuch. Wieland – ein unreiner, undeutscher, vaterlandsloser Geselle."

Vormweg bringt weitere Beispiele für „Attacken" aus der nationalromantischen Ecke und schließt „die Verfolgungsgeschichte" mit der Bemerkung: „Die Nazis mußten sich im Fall Wieland nicht mehr bemühen. Da war er bereits ein auch historisch toter Mann."

Das diffamierende Unverständnis beginnt schon mit der offiziellen Historisierung und Erledigung der „Aufklärung" im so genannten *Zeitalter der Aufklärung*, ad acta in einem centenarium.

Etwas realitätsnäher sieht den Sachverhalt Peter Sloterdijk in seiner „Meditation über den Satz: Wissen ist Macht". Er spricht relativierend vom „klassischen Aufklärungszeitalter" und schließt nicht aus, dass die Jahrhunderte davor und danach auch aufklärerische Aktivitäten entwickelten.

Sloterdijks Hauptwerk ist nach Titel (*Kritik der zynischen Vernunft*) und Zeitpunkt der Fertigstellung (200 Jahre nach der *Kritik der reinen Vernunft*) eine Anspielung „auf große Traditionen".

Mit dem Königsberger Aufklärer teilt Peter Sloterdijk die Auffassung, Preußens Friedrich 2 sei ein würdiger Repräsentant der Aufklärung in Deutschland, und zitiert ihn in der Fußnote mit dem Querschläger: „Es ist verlorene Mühe, die Menschheit aufklären zu wollen."

Dasselbe Zitat ließ auch Bernt Engelmann 9 Jahre früher in seinem Anti-Geschichtsbuch mit dem Titel *Wir Untertanen* nicht aus. Nur fügte sich das Statement konsistent in den Gesamttext ein. Von der angeblichen Aufgeklärtheit, Toleranz und menschlichen Größe des Preußenkönigs blieb nichts übrig. Vielmehr erwies sich der Herrscher aus Potsdam als ebenso „hirnlos und hart" wie jeder andere seiner Kaste.

Peter Sloterdijk hat eine postmoderne Vorliebe fürs Zwielicht. Aber so viel ist sicher: Es gibt kein 2tes Buch, in dem das Wort „Aufklärung" (aber ohne Anführungsstriche) so oft vorkommt. Die unermüdliche Wiederholung der gleichen Kernsilben beschwört die „Aufklärung, oder was von ihr übrig ist" zu bleiben, das Feld doch bitte nicht ganz den Zynikern zu überlassen.

Inhaltlich ist die Linie alles andere als gerade. Von „latenten Zynismen gegenwärtiger Aufklärer" etwa liest man. Dann heißt es noch entschiedener: „Es gibt, mit einem Wort, nicht nur eine Krise der Aufklärung, nicht nur eine Krise der Aufklärer, es gibt zuletzt gar eine Krise der aufklärerischen Praxis, des aufklärerischen Engagements."

Nach solchen Sätzen macht der Autor seinen LeserInnen aber auch wieder Hoffnung, dass noch nicht alles verloren sei. „Im Zeichen einer Kritik der zynischen Vernunft kann die Aufklärung ihre Chance erneuern und ihrem innersten Projekt treu bleiben: das Sein durch das Bewusstsein zu verwandeln."

Wie treu Sloterdijk zu sein gedenkt, sagt er 130 Seiten vorher: „Wie die Dinge liegen, gibt es Treue zur Aufklärung nur noch in der Untreue."

Gegen das womöglich aufkommende ungute Gefühl der Lesenden, ihnen schwindle oder ihnen werde etwas vorgeschwindelt, hilft nur zügiges Weiterlesen. Nach 200 Seiten winkt die Überwindung der Anwandlung in einer Passage, in welcher Sloterdijk sich ausmalt, was wäre, wenn seine Leitfigur, der Urkyniker Diogenes aus Sinope, noch mal ins Leben zurückkehrte, ins „20. Jahrhundert". Zunächst wäre der Alt-Athener natürlich „ziemlich verstört": „Aus Angst vor der psychiatrischen Anstalt verzichtet Diogenes auch darauf, mit der Laterne bei hellichtem Tag über die Straßen zu laufen."

Aber dann: „Plötzlich bekommt er ein Gefühl, das er damals in Athen nie verspürt hatte: etwas Wichtiges zu sagen zu haben. Damals war alles fast wie ein Spiel gewesen, jetzt aber kommt es ihm vor, als wollte Ernst daraus werden. Seufzend willigt Diogenes ein, das Spiel mitzuspielen; also wird er von nun an versuchen, sich seriös zu geben, so gut es geht, auch den neueren Philosophenjargon wird er lernen und mit den Wörtern spielen, bis den Leuten schwindlig wird."

Voilà. Da steht es. Wer bis hier, bis unten auf Seite 368, gelesen hat, sieht plötzlich klar; schwindelfrei kann sie oder er das *Vorwort* noch einmal überfliegen und aus der Vogelperspektive verfolgen, wie zu Anfang „die Philosophie im Sterben" liegt, sich in eine „Leiche ... im 19. Jahrhundert" verwandelt, dann aber aufersteht und physiognomisch zukunftsfähig wird, da „die Stimmung im Überbau des Westens ... gut für Käuze und Philosophie" ist, und schließlich als „sterbender Baum" traumhafte Blüten treibt.

Mit Beckmesserei ist dem nicht beizukommen. Man muss sich leicht machen, federleicht, und es überfliegen.

Wie Sloterdijk es denn nun mit der vielbeschworenen „Aufklärung" hält? Unglücklicherweise ergeht es ihr nicht besser als der Philosophie im Vorwort. Mal stirbt sie hin, mal stinkt sie schon, dann ist sie wieder ganz gesund und schmiedet Zukunftspläne.

Einmal hin, einmal her, so schwappt das im peripatetischen Wellengang. Einmal sagt er: „Wir sind tatsächlich eingetaucht ins Zwielicht einer eigentümlichen existentiellen Desorientierung." Und widerruft auch schon: „Ich glaube nicht recht ans Ende der Aufklärung, bloß weil ein Ende der Spektakel gekommen ist. ... Mit einem Wort: es gibt uns noch."

Und kehrt marsch zum Dementi: „Wenn einst Aufklärung (in jedem Wortsinn) der Angstminderung durch Mehrung des Wissens diente, so ist heute ein Punkt erreicht, wo Aufklärung in das einmündet, was zu verhindern sie angetreten war, Angstmehrung."
Das alles ist so tintenklar, wie Aufklärung in Deutschland schon immer war. Allmählich wäre es an der Zeit, sich von dieser erbärmlichen Tradition frei zu machen, statt dem Gegenaufklärer aus Weimar wieder eine Sprechblase zu entlocken.

Die neueste Unart, über „Aufklärung" zu reden und zu schreiben, hat Sloterdijk schon angedeutet mit dem Ausdruck „amerikanischer Synkretismus": „Sobald der amerikanische Synkretismus seine Zeit auch bei uns gehabt haben wird und der erste Kitzel des «anything goes» verblasst ist, werden vielleicht auch die Reize der Klarheit wieder geschätzt werden."
Bis jetzt hat sich die Erwartung nicht erfüllt. Im Gegenteil. Etwa ein Jahrzehnt nach dem Erscheinen der *Kritik der zynischen Vernunft* schrieb ein Londoner Professor für Medizingeschichte, der schon *A History of Madness in England* verfasst hatte, gewissermaßen zur Wiederherstellung der Balance, *The Enlightenment* (in einem renommierten Berliner Verlag als Übersetzung: *Kleine Geschichte der Aufklärung*).
Das Buch von Roy Potter bedient den Zeitgeist. Der Verfasser behauptet zum Beispiel, die „Aufklärung" habe überhaupt kein Programm gehabt. Sie sei vielmehr „amorph und vielgestaltig" gewesen.
Die Thesen des Gestörten-Historikers fügen sich bestens ins Bild und ergänzen die bekannten Vorurteile nur um die neuen Eingebungen des Zeitgeistes.

Lichtenberg fragte: „Wenn ein Buch und ein Kopf zusammenstoßen und es klingt hohl, ist das allemal im Buch?"

Die Frage stellt sich genauso, wenn der Gegenstand des Anstoßes ein Stück Geschichte ist. So sieht Potter in der „Aufklärung" vor allem Polymorphes und Amorphes. Ist das auch irre, hat es doch den postmodernen Zeitgeist auf seiner Seite.

Zeitgleich mit Potter in England, aber etwas breitenwirksamer über die USA hinaus, schlug Jeremy Rifkin in seinem Bestseller über die Rindfleisch-Industrie und die Folgen auf „die Denker" und „Prinzipien der Aufklärung" ein. In den letzten Kapiteln von *Beyond Beef* sucht der Autor einen Schuldigen für die Verbrechen der Beef-Industrie – und schlachtet die „Aufklärung". Zur Abwechslung lautet die diffamierende Gleichung bei Rifkin: Utilitarismus und Profitgier = „Aufklärung". Man kann sich fragen, wo er das gelernt hat. Dass aber jemand die „Aufklärung" verurteilt, ohne sich in die Nesseln zu setzen, wundert nach der langen und illustren Schmähtradition nicht mehr.

4.5   „Nach der Aufklärung"

Nach dem unvermeidlichen Scheitern der Französischen Revolution hatten die Dunkelmänner Oberwasser; hatten sie doch schon immer vor den Aufklärern gewarnt. Meist waren sie noch einen Schritt weiter gegangen und hatten die Lunten, die sie überall rochen, selbsttätig ausgetrampelt wie jene preußischen Regierungsberater, die beim Nachfolger des Friedrich 2 erst ein Religionsedict durchdrückten und dann den „allergnädigsten Specialbefehl", der den über 70-jährigen Kant zum Schweigen verdonnerte.

Nach der Revolution fühlten sich die Finsterlinge ermächtigt, die „Aufklärung" aus Europa zu verbannen. Sie hatten es ja schon immer gewusst und gesagt, dass das Gelichter nur zur Revolution aufwiegle. Mit dem Ende des Aufruhrs musste es nun endlich aus und vorbei sein mit dem, was sie als ein Häuflein „Aufkläricht" verhöhnten und zum Zwecke der Entsorgung auf die Schüppe nahmen.

Doch aller finsteren Machenschaften zum Trotz löste sich die „Aufklärung" nach der Revolution nicht auf wie ein verbotener oder bankrotter Verein. Im romantischen nationalistisch-reaktionären Europa musste sie allerdings unter falschen Flaggen segeln und ihre angeblich gefährliche Fracht auf verschiedene Schiffe verteilen, um die kontinentale Blockade zu durchbrechen.

Eine Ladung war unter der roten Fahne des Marxismus unkenntlich gemacht, eine andere unter dem farblosen Wimpel des Nietzscheanismus. Beide Reedereien fuhren spiegelbildliche Routen: die eine wählte die Linkspassage, die andere hielt sich rechts. Was sie beide unverdächtig machte, war ihr offen erklärter „Wille zur Macht".

Auf Gegenkurs lag das dritte Schiff, beflaggt mit der schwarzen Fahne der Anarchie. Auch sein Anteil an der versteckten Fracht war so entstellt, dass es wohl vieler Dinge verdächtigt wurde, nicht aber der „Aufklärung".

Die größte Ladung kam mit dem 4ten Schiff an Land. Das segelte unter der königlichen Fahne der Wissenschaft.

Als Friedrich Wöhler eine Generation nach der Revolution die erste Synthese einer organischen Verbindung gelang, verdächtigte niemand Wöhler der „Aufklärung".

Er war nur ein tüchtiger Chemiker. Ein Wissenschaftler, dem wie Lavoisier ein Durchbruch oder „Fortschritt" in seinem Fach gelungen war.

Eine Generation nach Wöhlers Harnstoff-Synthese machte ein anderer Chemiker Furore mit Sprengstoffversuchen. Die Regierenden aller Länder rissen sich um seine brisanten Chemikalien. Den Preis mussten natürlich wie immer die Regierten bezahlen, mit Steuergeldern zuerst und dann mit ihrem Blut. Alfred Nobel wurde durch sein Dynamit-Patent und andere so reich, dass er über seine Stiftung noch heute die alljährlich verabreichten Nobelpreise finanziert. In den Verdacht, ein Aufklärer zu sein, ist er nie gekommen.

Aber andere ebenfalls in Detailfragen verbohrte Wissenschaftler schürften schon früh so tief, dass ihre profunden Erdkenntnisse die Grundlage für das stärkste Stück „Aufklärung" „nach der Aufklärung" wurden.

James Hutton in *Theory of the Earth* und Charles Lyell in *Principles of Geology* trugen unabweisbare Gründe für ein sehr viel höheres Alter der Erde vor als die paar Jährchen, die aus der Bibel herausgedeutet wurden. Der Schöpfungsmythos mit seiner krausen Chronologie hatte allen Rettungsversuchen zum Trotz ausgedient, jedenfalls in der seriösen Wissenschaft.

Als der in Cambridge zum anglikanischen Geistlichen ausgebildete Charles Darwin sich mit 22 Jahren vor die Wahl gestellt sah, entweder Ernst zu machen mit der theologischen Laufbahn oder aber eine Weltreise anzutreten, entschied sich der junge Mann gegen die Bibel und für die Beagle, ein Forschungsschiff, auf dem er als „Naturwissenschaftler" 5 Jahre um die Welt reiste.

Die Bekehrung des jungen Geistlichen kam nicht plötzlich aus dem Nichts. Schon während des Theologie-Studiums hatte Darwin Kontakt zu namhaften Naturwissenschaftlern aufgenommen. Auf der Beagle fand er trotz Seekrankheit viel Zeit, die 3 Bände von Lyells *Principles of Geology* zu studieren.

Darwin brauchte lange, um die Ergebnisse der Forschungsreise zu verarbeiten. Zu lange beinahe. Das Buch, das seinen Weltruhm begründete *(On the Origin of Species by Means of Natural Selection)*, musste er dann unter Zeitdruck schreiben, weil schon ein anderer, Alfred Russell Wallace, ganz unabhängig das Material und die Theorie der Evolution gefunden hatte und ihm zuvorzukommen drohte. Wallace hatte sich, ohne an den Wettlauf um den Ruhm des Entdeckers zu denken, in einem Brief an Darwin gewandt und ihm seinen Befund mitgeteilt.

Als der Chemiker Nobel die Waffen tüchtig „verbesserte", legte Darwin Beweise auf den Tisch, die den Wahn sehr einschränkten, Beweise, die zum ersten Mal die Entstehung der Spezies Mensch naturwissenschaftlich erklärten und die Geschichte der Menschheit als Teil der Erdgeschichte darstellten.

Es traf die Traditionalisten hart. Bis heute hat die Wahn & Gewalt-Partei den Schock nicht verwunden. Wie nach der kopernikanischen Entdeckung war ihre Devise auch dieses Mal „Business as usual" oder gut Deutsch „Augen zu und durch".

Ohne Rücksicht auf das bessere Wissen, das die Evolutionstheorie bot, blieb das Geschichtsbild ein duales: hier die platt ausgewalzte Historie der „Hochkultur(en)", da die weithin nur vom Hörensagen bekannte Untergrunddisziplin der Geologen und Paläontologen. Geologisches erscheint im Schulunterricht allenfalls am Rande, was gegenüber der hypertrophen Nationalgeschichte einem beredten Verschweigen gleichkommt.

Nicht viel besser das Bild an den Hochschulen. Die geisteswissenschaftlich orientierte Geschichtswissenschaft oder der mythendurchsetzte Erzählstrom einerseits und die naturwissenschaftliche Geologie andrerseits sind nun mal nicht kompatibel.

Im Extremfall verbietet ein Gesetz die Evolutionstheorie für den Schulunterricht, was für den berüchtigten „Affenprozess in Tennessee" die Verhandlungsbasis abgab. Oder Lehrbuchverlage verzichten in ihren Werken möglichst auf jeden Hinweis auf die Abstammungslehre, notorisch in den bibelfesten Provinzen der USA. Die Pflege und Vorwärtsverteidigung des Wahns ist freilich in allen Erdteilen virulent.

Daran konnte auch die nächste gewaltige Erschütterung der antiquierten Weltanschauungen nichts ändern. Nach der Evolutionstheorie schlug die Psychoanalyse eine neue Bresche in die Front der Rückwärtsritter. Sigmund Freud verließ sogar in Schriften wie *Das Unbehagen in der Kultur* den engen Zirkel der Fachwissenschaft und erreichte ein größeres Publikum. Das alte Menschenbild war nicht mehr zu halten. Aber Darwin und Freud waren zuerst und vor allem spezialisierte Wissenschaftler. Von den omnipotenten Wahn & Gewalt-Eliten wurden sie als mehr oder weniger nützliche Fachidioten behandelt und im Zaum gehalten. Zur Verbreitung ihrer wissenschaftlichen Theorien brauchten die „Bilderstürmer" Darwin und Freud Multiplikatoren in Schulen und Medien. Das war und ist die Gelegenheit zur Ausbremsung durch Schweigen, Relativieren und Konterkarieren.

Während Evolutionstheorie und Psychoanalyse wenigstens in der Wissenschaft und unter Gebildeten inzwischen eine Basis haben, sind wichtige Untersuchungen der Gesellschaft bezeichnenderweise noch kaum rezipiert und ins öffentliche Bewusstsein gelangt.

Es sind vor allem zwei Analytiker aus den USA, die mit der überkommenen Vorstellung von der „zivilisierten" Gesellschaft gründlich aufgeräumt haben: Walter Lippmann und Stanley Milgram. Der eine Journalist, der andere Sozialpsychologe.

Aufklärer hätten sie sich beide schon deshalb nicht genannt, weil sie als US-Amerikaner englisch sprachen und es im Englischen das Wort Aufklärer nicht gibt. Trotzdem haben sie eminent Wichtiges für die „Aufklärung" geleistet.

Das reiche Amerika hat ja nicht nur Bibeln und Bomben an den „Rest der Welt" verteilt. Im vergangenen Jahrhundert hat es auch die führende Rolle in der „Aufklärung" übernommen. Es war Impulsgeber für die studentische Protestbewegung und das ökologische Bewusstsein, wenn auch die Resonanz in Europa manchmal stärker war als der Impuls aus den USA.

Lippmann zielte mit seinem Hauptwerk *Public Opinion*, das vor 82 Jahren (11.922d) erschien, ins Zentrum der demokratischen Theorie und politischen Praxis. In einer stringenten Argumentationskette legt er dar, dass die Meinungsbildung in der modernen Massengesellschaft von der veröffentlichten Meinung abhängig ist, die Medien ihrerseits von großenteils unüberprüfbaren Mitteilungen Dritter abhängen, etwa den Verlautbarungen der Pressesprecher von Regierenden. Ferner macht er klar, dass die Redaktionen nicht frei sind von Pressionen durch Inserenten und das Management, mit der Maßgabe, möglichst hohe Auflagen zu erzielen. Schließlich vergisst Lippmann nicht die Adressaten der Botschaft, die mehrheitlich die Phantom-Nachricht mit ihren individuellen Vorurteilen und Interessen zu einem Text verquirlen, dessen Realitätsgehalt gegen null tendiert und daher ungeeignet ist, Grundlage politischer Entscheidungen zu sein. Lippmann wörtlich über die politischen Entscheidungsträger: „Diese Gruppe ist niemand verantwortlich, denn sie handelt aufgrund von Informationen, die der Allgemeinheit nicht zugänglich sind, in Situationen, die der Öffentlichkeit nicht bekannt sind, und sie kann allenfalls anhand der von ihr geschaffenen vollendeten Tatsachen zur Rechenschaft gezogen werden."

Nach Lippmanns Beweisführung ist seine Konklusion nachvollziehbar, dass die demokratische Theorie vom mündigen Bürger, der die Entscheidungsprozesse des Gemeinwesens sachkundig und verantwortlich mitbestimmt, eine absurde Illusion ist.

Seit 82 Jahren sind die Möglichkeiten zur Informationsbeschaffung vervielfacht worden. Doch sind auch die Möglichkeiten der Manipulation fleißig weiterentwickelt worden. Die 8 Jahrzehnte der US-Geschichte seit der Veröffentlichung von *Public Opinion* hat die Richtigkeit der Thesen Lippmanns bewiesen. Eine Entwicklung zum Besseren ist nicht zu erkennen. Im Gegenteil. Die Manipulation der Öffentlichkeit in den USA rund um den Krieg gegen den Irak gelang den US-Medien bestens, im Sinne der Regierenden. Nach der offiziellen Sprachregelung heißt das: im Interesse der nationalen Sicherheit.

Ihren vollen Beitrag zur Verifizierung der Lippmann-Thesen erbrachten die deutschen Medien während des NATO-Kriegs gegen Jugoslawien.

Die Spielarten der Manipulation durch die Massenmedien haben von Land zu Land ihre Eigenheiten, aber unterm Strich ist Lippmanns Analyse der Meinungsbildung in der Massendemokratie aktuell geblieben, durch kein Wort und kein Faktum überholt.

Nicht so sein Vorschlag, wie das Problem zu lösen sei. Er sah in der Einrichtung einer neutralen Regierungsbehörde den Königsweg, unter der Voraussetzung, dass die Behörde alle Möglichkeiten unabhängiger Informationsbeschaffung hätte, um in der Lage zu sein, Parlament und Öffentlichkeit mit den nötigen Nachrichten zu bedenken.

Die überraschende Volte am Ende seines Buches ist kein ironisches Happy End, so eines, das die encyclopédistes unter der Zensur des Ancien Régime hätten verwenden können. Nein, Lippmann meinte seinen Vorschlag ernst. Er wurde Chefredakteur einer führenden Zeitung, schrieb bis ins hohe Alter Kolumnen und war hinter den Kulissen Regierungsberater. So spielte er eine nicht ganz unbedeutende Rolle in dem Spiel, dessen Regeln er wie kein anderer ad absurdum geführt hatte.

Als *Public Opinion* mit 40-jähriger Verspätung ins Deutsche übersetzt wurde, hatte Stanley Milgram gerade Aufsehen erregt durch das *Milgram-Experiment*, das hier schon ausführlich besprochen wurde.

Milgrams Untersuchung ergänzt gewissermaßen diejenige Lippmanns. Sie nimmt einen anderen Aspekt der demokratischen Gesellschaft, nämlich die Hierarchie, unter die Lupe. Das Ergebnis ist in beiden Fällen gleich niederschmetternd.

Auch wenn es ihre Welt nicht wirklich bewegt hat, geht, was Lippmann und Milgram untersucht und als Ergebnis vorzuweisen haben, so an die Grundfesten des Systems, dass sie damit eine Weltrevolution hätten auslösen können, nein, müssen, denn die findigen Forscher nahmen den Regierenden ein für allemal den „Führerschein" ab, entzogen ihnen ein für allemal die Lizenz, so weiterzumachen wie bisher.

Dass die Regierenden und die Masse der Regierten nichts gemerkt und nichts gewusst haben und bedenkenlos so weitermachen wie bisher, versteht sich. Vielleicht ist dies gar nicht so grotesk, wie es zuerst scheint. Wenn Lippmann und Milgram, die großen Entdecker einer neuen Wahrheit, nicht einmal selbst richtig verstanden, was sie gefunden hatten (wie Columbus, der nicht wusste, dass er in Amerika war), was ist dann von all den Experten zu erwarten, die in ihrem Fach sehr gut sein mögen, aber nur selten über den Tellerrand schauen? Und das tüchtige Mittelmaß hat mit seinen Verpflichtungen und Sorgen, beruflich und privat, eh vollauf zu tun.

Trotzdem. Es gab und gibt erfreuliche Ausnahmen. Zum Beispiel seinerzeit die Massenproteste gegen die zusätzliche Aufstellung von Raketen mit atomaren Sprengköpfen in West-Europa. Sie waren der Höhepunkt einer jahrzehntelangen Anti-Atom-Bewegung, die mit den Ostermärschen in den 50er Jahren begonnen hatte. Ihr weltbekannter Vorkämpfer war Bertrand Russell, laut Duden „einer der aufklärerischsten Geister des 20. Jahrhunderts".

In einer Rede, die Russell 4 Monate nach Hiroschima im House of Lords hielt, versuchte er, die Herren im Club der upper class für ein Abkommen zwischen Ost und West zu gewinnen, das die Verfügungsgewalt über Atomwaffen einer internationalen Behörde übertragen sollte. Hauptzweck der zu konstituierenden Weltautorität sollte die Verhinderung des Atomkriegs sein, der unvermeidlich die gesamte „Zivilisation" vernichten würde.

Den Plan zur Internationalisierung alles dessen, was mit der Entfesselung der Atom-Energie zu tun hatte, von den Uran-Erzlagern bis zu den Waffen-Arsenalen, diesen Plan, der letzten Endes eine Weltregierung vorsah, gab Russell zeit seines Lebens nicht auf. Er fand die Idee, die „internationale Anarchie" durch die „internationale Regierung" zu ersetzen und dadurch den Krieg für immer abzuschaffen, unverzichtbar und alternativlos. „Solange es Nationalstaaten gibt und solange sie einander bekämpfen, kann nur Leistungsunfähigkeit die Menschheit vor Vernichtung bewahren. Die Kampfkraft der einzelnen Staaten zu stärken, ohne zugleich die Mittel zu besitzen, Kriege zu verhüten, heißt den Weg zu allgemeiner Vernichtung beschreiten."

Logisch gedacht war das schon vom Meister der Logik. Aber die Idee der Weltregierung orientierte sich am Staat. Und der ist, wie die Geschichte lehrt, kein Garant für Sicherheit, allenfalls für Staatssicherheit à la Stasi.

Die US-Amerikanerin Marilyn French denkt weniger positiv über den Staat. In ihrem zivilisationskritischen Buch *Beyond Power* spricht die Autorin die Überzeugung aus, die patriarchalisch-hierarchische Gesellschaftsordnung habe keine Zukunft mehr, gleichviel in welcher Weltregion.

Schon in ihrem Buchtitel gibt Marilyn French das Stichwort, auf das es ankommt. *Beyond Power* setzt einen Standpunkt *Jenseits der Macht*. Sie hat kein Vertrauen in das Management einer Weltregierung, ihr Ziel ist die Überwindung aller Herrschaft. In diesem Punkt gibt es für die Autorin keinen Verhandlungsspielraum. Wie Jacob Burckhardt ein Jahrhundert vor ihr begründet sie ihre Verurteilung der Macht mit dem Hinweis auf deren Wirkung: Macht mache unglücklich, nicht nur die einen oder anderen, sondern alle; und weil das Übel ansteckend sei, auch die Nachbarn.

„Der Preis, den die Herrschaft den Menschen abfordert, ist unermeßlich hoch; die Geschichtswissenschaft hat sich bis heute im großen und ganzen nicht für ihn interessiert. Das Leiden der Massen, das Blutvergießen, die physische und psychische Folter, die der Machtkult mit sich bringt, sind weit weniger populäre Themen als die «Größe» der Machthaber."

Also ist das Geschichtsbild, das Marilyn French in ihrem Buch zeichnet, ein anderes als das traditionelle.

Obwohl French mit ihrem Werk ein Millionenpublikum erreicht, hat sie keinen Einfluss auf die Regierenden in den USA und anderswo.

Das von ihr kritisierte System beweist täglich die Torheit, der eine andere US-Autorin in *The March of Folly* nachging (deutsch: Die Torheit der Regierenden). Barbara Tuchman untersucht die Paradoxie, dass Regierende auffallend oft und in spektakulärer Weise die falschen Entscheidungen treffen und wie in Hypnose zielstrebig und taub für Warnungen ins Verderben rennen. Das mythische Vorbild liefert die Torheit der Trojaner, die das Trojanische Pferd in die Stadt holen. Ausgangspunkt und Hintergrund des Buchs ist freilich das Vietnam-Trauma der USA.

Trotz aller gegenläufigen Entwicklung: Die „Aufklärung" war noch nie so erfolgreich wie in den vergangenen 50, 60 Jahren. Jedenfalls gemessen an den öffentlichen Debatten und Demonstrationen. Am Niederschlag in den Medien. Noch nie vorher hat es auch eine solche Medienvielfalt gegeben, eine wichtige Bedingung für „Aufklärung". Während die klassischen Aufklärer sich noch mit Handgeschriebenem verzettelten, steht ihren Nachfahren heute das Weltwissen über verschiedenste Kanäle zur Verfügung und obendrein eine fortgeschrittene Kommunikationstechnik, die eine Idee mit Lichtgeschwindigkeit um den Globus schickt.

Verglichen mit der Weltbühne für Arundhati Roy, verfügte Voltaire nur über einen guten Platz als Speaker at Hydepark Corner. Und mit seiner bekannt heftigen Kritik an der Kirche wackelte Voltaire doch an keinem Altar, während Karlheinz Deschner heute mit seiner inzwischen auf 8 Bände angewachsenen *Kriminalgeschichte des Christentums* und weiteren Attacken den christlichen Turmbau Stein um Stein abgetragen hat.

Dass die Aufklärer und die „Aufklärung" nicht in aller Munde sind, hat außer der oben nachgewiesenen permanenten Diffamierung 2 weitere Ursachen:

a) Im Unterschied zum Zeitalter Voltaires gibt es jetzt eine unüberschaubare Anzahl Aufklärer, Frauen und Männer, auf den verschiedensten Gebieten. Zum Teil finden sie nur eine begrenzte Öffentlichkeit, weil sie sich spezialisiert haben, oder, weil die Gesetze des Marktes nicht nach dem Wert einer Arbeit für die Zukunftsfähigkeit der Gesellschaft unterscheiden, sondern bloß nach Warenwert und Werbe-Etat, und schließlich, weil die Fülle der Informationen einen dichten „Informationsschleier" bildet.

b) Medien, Schulen und Verlage werden in der Regel als marktorientierte Gemischtwarenläden betrieben, die alles Mögliche bunt feilbieten. Die Bewusstseinsindustrie folgt keinem Aufklärungsprogramm. Gewaltverherrlichung und Wahnverstärkung spielen vielmehr eine große Rolle unter dem Label *anything goes*.

4.6 „Vor der Aufklärung"

Zeitalter und Sternbilder sind grobe Orientierungsmarken. Ihr Nutzen für Geschichts- bzw. Weltraumwissenschaft hält sich in Grenzen.

Richtige Schulhistoriker halten auf Ordnung und Akkuratesse. Die Schubläden der Geschichte sind für sie ganz wichtig, wenn nicht die Hauptsache. Sie wollen es genau wissen. Etwa so:

„Die Aufklärung war eine geistesgeschichtliche Epoche, die sich von ungefähr 1680 bis etwa 1780 erstreckte." (Schüler Duden Pädagogik)

Die Mehrheit der Schematiker gibt sich etwas großzügiger. Nach ihrer Einteilung war die „Aufklärung" „eine europäische Kulturbewegung des 17. und 18. Jahrhunderts". (Schüler Duden Geschichte)

Comenius und Huygens, Petty und Pascal, Descartes und Spinoza schließen sie nicht aus. Auch Galilei und Bacon (Francis), die bereits über die Hälfte ihres Lebens vor der Jahrhundertwende (11.600d) hinter sich hatten, werden mit ins Boot genommen. Doch Kopernikus und Kolumbus, Leonardo und Colombo, Valla und Gutenberg bleiben definitiv draußen.

Nicht jedoch bei Historikern, die das geschichtliche Werden betonen und dabei die schöne Ordnung der Schemata etwas durcheinander bringen. Sie sagen etwa wie im Brockhaus vor 52 Jahren, dass „die Anfänge der Aufklärung" bis in die „Renaissance" zurückgehen. Ähnlich der Ploetz vor 6 Jahren:

„Die im 18.Jh. in ganz Europa zum dominierenden kulturellen Faktor werdende Aufklärung ist Ergebnis und Höhepunkt eines jahrhundertelangen Säkularisierungs- und Rationalisierungsprozesses."

Der dort namentlich genannte früheste Aufklärer ist Kopernikus. Das heliozentrische Weltbild befindet sich diesseits der Demarkationslinie.

Wenn aber Kolumbus ein Aufklärer war, warum dann nicht auch Marco Polo? Der ging ja doch weiter nach Osten als jener nach Westen und entdeckte das „Reich der Mitte" für Europa.

Wenn Harvey vor fast 400 Jahren den doppelten Blutkreislauf erkannte und damit sein Scherflein zur „Aufklärung" beitrug, warum dann nicht auch Colombo, der den kleinen Blutkreislauf 60 Jahre früher entdeckte, übrigens in Italien, wo Harvey studierte? Und warum dann nicht auch Ibn Annafis, dem das Gleiche 300 Jahre vor Colombo gelang?

Wenn Galilei der „Aufklärung" diente, warum dann nicht auch Nicole Oresme? Der forschende Kleriker formulierte 250 Jahre vor Galilei das Fall-Gesetz.

Wenn Kopernikus wenigstens als „Anfänger" in den Club der Aufklärer aufgenommen wird, warum dann nicht auch Al Battani und Ibn Junis mit ihren genauen Beobachtungen und Berechnungen des Sonnensystems 600 bzw. 500 Jahre vor Kopernikus?

Gutenberg eröffnete eine neue Ära, sagt man. Der Buchdruck brachte Bücher in höherer Auflage und zu reduzierten Preisen auf den Markt. Er beschleunigte die Wissensexplosion und vergrößerte die europäische Öffentlichkeit, Voraussetzungen für den Erfolg der „Aufklärung".

Pi-scheng erfand den Buchdruck mit beweglichen Elementen 400 Jahre vor Gutenberg. Warum sind sein Name und Beitrag zur „Aufklärung" im Westen so gut wie unbekannt?

Kurz: Der Versuch, die „Aufklärung" in 1 oder 2, auch 3 oder 4 Jahrhunderte und ein paar Ländchen in West-Europa einzusperren, erweist sich bei näherer Betrachtung als willkürlich und nicht haltbar. Es ist der gleiche schreckliche Schematismus wie bei der eigennützigen Einteilung der einen unteilbaren Menschheit in rassische, religiöse, sprachliche und nationale Divisionen.

Die bekannte Ausnahme, die im Begriff „griechische Aufklärung" gemacht wird, fällt in die Rubrik Diffamierung (s. 4.4). Als Wilhelm Windelband weitgehende Ähnlichkeit und wesentliche Übereinstimmung der europäischen mit der altgriechischen „Aufklärung" feststellte, sprach er pejorativ über die „Sophistik" der Alten und der Modernen wie Jahrzehnte später auch Spengler.

Nach Arno Peters' Verständnis ist der Zeitrahmen der „Aufklärung" nicht auf 500 Jahre und wenige Länder zu begrenzen. In seiner *Synchronoptischen Weltgeschichte* ist denn auch der erste Aufklärer ein Arzt aus Ägypten, der vor 4 500 Jahren lebte.

Seiner etwa 300 Namen und Titel langen Liste zum Stichwort „Aufklärung" schickt Peters die knappe Begriffsbestimmung voraus: „Befreiung des Menschen aus überkommenen Vorurteilen und geistiger Unmündigkeit, insbesondere die Überwindung religiöser Vorstellungen durch sachgemäße, naturgesetzlich begründete, vernünftige Erkenntnis, meist verbunden mit der Zuversicht eines unaufhaltsamen Fortschreitens der Menschheit zu Freiheit, Würde und Glück."

Im Gegensatz zur tonangebenden Tradition geht Peters offensichtlich nicht auf Distanz zur „Aufklärung". Auch verzichtet er auf alle schulüblichen Schablonen. Mit seinem zivilisationsweiten Begriff geht er über alles hinaus, was gewöhnlich unter „Aufklärung" verstanden wird, stimmt aber weitgehend mit Condorcets Geschichtsauffassung im *Esquisse* überein.

Dass Arno Peters die Zeitalter vor der staatlichen Ära ganz traditionell marginalisiert, entschuldigt er mit dem Hinweis auf den Stand „unserer noch sehr lückenhaften Forschung". Im Ergebnis bleibt er bei der Hegelschen Teilung der Menschheitsgeschichte in 2 Hauptstücke: „die Epoche der menschlichen Zivilisation" und die „Vorzeit". Gegen alle Logik der Sprache (vgl. Vorspeise, Vorwort, Vorort, Vorschule) werden annähernd 100 Prozent der Menschheitsgeschichte oder 2 Millionen Jahre (Peters nimmt 2 Mio. Jahre für die Gesamtzeit der Menschheitsgeschichte an) zur Nebensache abgewertet, das Nichts von 0,25 Prozent oder 5 000 Jahre aber zur Hauptsache aufgewertet. (Die Proportionen und die Gewichtung der Teile zeigen eine auffallende Analogie zur monarchistischen Gesellschaftsordnung oder zur herrschaftlichen Ordnung allgemein, in der die verschwindend kleine Minderheit der Oberschicht auf-, die überwältigende Mehrheit der übrigen Bevölkerung abgewertet wird.)

Allerdings sind Peters die Negativposten der „Zivilisation" bewusst, und er nennt sie beim Namen: „Dienstbarmachung des Menschen durch den Mitmenschen", „Befehl und Gehorsam zwischen Herr und Knecht", „der Krieg kommt in die Welt", „Reichtum und Armut steigen gleichzeitig ins Unermeßliche", „Klassen-Spaltung", „Käuflichkeit aller Güter und Werte".

Sein Fazit: „So wird jeder Sieg auf dem Weg des Fortschritts zu einer Niederlage. Die Epoche der höchsten Schöpfungen des Menschen wird zur Epoche seiner tiefsten Erniedrigung."

Und abermals stellt sich die Frage: Wenn Peters die „Aufklärung" auf die ganze Epoche der „Zivilisation" ausdehnt, warum dann nicht auch auf die etwa ebenso lange Epoche der Domestikation? Die Erfindung des Garten- und Ackerbaus sowie der Tierhaltung und -zucht werden inzwischen doch allgemein als die welthistorische Wende von der Konsumtion zur Produktion gesehen.

In der *Synchronoptischen Weltgeschichte* wäre für den Fall freilich die breiteste Rubrik leer geblieben, die für „Weltgeschichtliche Persönlichkeiten". Die Vips hat es in den Jahrtausenden vor den ersten schriftlichen Zeugnissen natürlich auch schon gegeben, nur erinnert kein Bericht, kein Name an sie. Das änderte sich nach Erfindung der Schrift. Peters hätte an den Anfang seiner Auflistung aufklärerischer „Fortschritte" die Schrift stellen müssen.

Was kann den aufklärerischen Historiker Peters bewogen haben, der Weltneuheit der aufgezeichneten Worte so wenig Raum in seiner Weltgeschichte zu geben, ist sie doch eine unentbehrliche Bedingung sowohl der „Zivilisation" als auch der „Aufklärung". Hat den Historiker etwa gestört, dass als Erfinder der Schrift keine Weltgeschichtlichen Persönlichkeiten greifbar sind?

Ein anderes Motiv für die auffallende Zurückhaltung Peters', die Schaffung der Schrift gebührend zu würdigen, könnte die Tatsache sein, dass die gesprochene Sprache nicht nur einmal in sichtbare Zeichen übertragen wurde. Sumerer, Ägypter, Inder, Chinesen, Maya etc. haben aus vergleichbarer Notwendigkeit und mit vergleichbarer Fähigkeit vergleichbare Zeichensysteme für vergleichbare Zwecke entwickelt. Naturwissenschaftler dürften von den parallelen Problemlösungen in verschiedenen Gesellschaften nicht überrascht oder gar befremdet sein. Sie klopfen ihre Forschungsobjekte auf Naturgesetzlichkeiten ab. Sie erwarten nichts anderes als Einsicht in prinzipiell wiederholbare Prozesse. „Geisteswissenschaftlich" eingeschworene Historiker sehen hingegen womöglich das Dogma der Einmaligkeit menschlicher Handlungen bedroht.

Das Zeug zur Schaffung der Schrift hatten die Menschen schon mindestens 10 000 Jahre vor den Sumerern. Die eindrucksvolle Kunst der Cro-Magnons zeigt, dass sie die Anfangsgründe der Schrift, die Bildzeichen, mit Leichtigkeit hätten entwerfen können. Aber die gesellschaftliche Notwendigkeit ergab sich erst Jahrtausende später in Mesopotamien und anderswo.

Dieses Unterkapitel schließt nicht ohne die abschließende Frage: Wenn die Schrift unleugbar von größter Bedeutung für die „Aufklärung" war und ist, warum sind es dann nicht auch die Zeichen auf Geweihstücken und Knochen sowie die Fels- und Höhlenmalereien?

Genforscher wollen in neuesten Untersuchungen Homo sapiens 200 000 Jahre zurückverfolgt haben. Aus den ältesten Zeiten sind die archäologischen Funde spärlich. Seinen Namen verdankt Sapiens nicht den Stein- und Knochenresten. Vielmehr dokumentiert die wissenschaftliche Namengebung die aufklärerische Berufung auf die Denkfähigkeit des Menschen. Unabhängig von einer exakten Zeitbestimmung ist klar, dass die Sprachentwicklung als Bedingung der sozialen und mentalen „Fortschritte" das grundlegende Stück „Aufklärung" in der Menschheitsgeschichte war. Dabei wird „Aufklärung" zum Synonym für das, was „Aufklärung" schon immer war und noch immer ist: Menschwerdung.

Kein Grund, sich zurückzulehnen und auf die zielstrebige und geduldige Arbeit der Evolution zu vertrauen, die bisher doch alles zum Besten gerichtet hat. Kriege und Krankheiten sollten den Fatalisten eine ernste Warnung sein.

4.7   Die fatale Asymmetrie

Die dem Macht-Instinkt inhärente Tendenz zur Feindseligkeit und zum Machtkampf zwang die Mächtigen zur Offenheit für nützliches Neues. Auf lange Sicht belohnte die Evolution nicht einfach die rücksichtslos Gewalttätigen; sie mussten aufgeschlossen sein für neue Entwicklungen, Tricks und Mittel, ihre Machtstellung zu festigen und auszuweiten.

Das auffällig beschleunigte Tempo der Erfindungen und Erkenntnisse seit Beginn der staatlichen Ära wurde angeschoben und aufrechterhalten vom Movens Machttrieb. Die Qualität der Neuerungen trägt dann auch deutlich seine Handschrift.

Eine Übersicht über die „Fortschritte" der vergangenen 500 Jahre zeigt, dass die Entdeckungen und Erfindungen fast ausschließlich naturwissenschaftlicher Provenienz sind, seien es nun geografische, astronomische, anatomische, biologische, physikalische oder chemische Gewinne an Einsicht.

Ergänzt werden die Erfolge in den exakten Wissenschaften durch technische und mathematische „Fortschritte", die untereinander oft eine große Affinität aufweisen, bis zur Abhängigkeit. Das Mikroskop zum Beispiel war eine technische Erfindung, die physikalische Kenntnisse voraussetzte und der Biologie neue Welten erschloss.

Die einseitig naturwissenschaftlich-technisch dominierte Auflistung ist nicht etwa Folge einer Voreingenommenheit der Autoren; sie ist vielmehr die Folge des Machtfilters, den nur die herrschaftsförderlichen Neuerungen passieren konnten.

Einblick in den einseitig beschleunigten „Fortschritt" gewährt gleichfalls das Bewerbungsschreiben, das Leonardo da Vinci an den Hof der Sforza in Mailand schickte. Der Aspirant stellte seine besondere Eignung für den angestrebten Posten in 10 Punkten heraus. Ganze 9 umschreiben seine Fähigkeiten als Militär- und Zivil-Ingenieur. Erst an 10ter Stelle erwähnt Leonardo sein künstlerisches Talent. Der Kandidat hatte die Präferenzen seiner Adressaten richtig eingeschätzt und bekam den Job.

An der Madrider Akademie, drittes Beispiel, zahlte Philipp 2 dem Professor für Festungstechnik ein doppelt so hohes Gehalt wie dem führenden Philosophieprofessor. War das„ein Zeichen der Zeit"?, wie McClellan und Dorn schreiben. Nein, ein Zeichen des Zeitalters der „Zivilisation" und ihrer Kriegskultur.

Aus dem Alten Hellas fließt ein breiter Traditionsstrom ins moderne Europa. Hier kennt man daher auch Heraklits Spruch über den Krieg als „Vater aller Dinge". Was vor 2500 Jahren in Griechenland galt, hat nichts an Gültigkeit in der „zivilisierten" Welt von heute verloren, weil dasselbe Zeitalter noch andauert. Flugzeuge, Raketen, Weltraumstationen, Transistoren, Radar- und Laser-Technik, Satelliten-Navigation, Atomkraftwerke etc. sind Kriegsprodukte, die ohne massive Förderung der militärischen Forschung undenkbar wären.

Das eindrucksvollste Beispiel dieser Art ist das „Manhattan-Projekt". Die Wissenschaftshistoriker McClellan und

Dorn nennen es „das größte naturwissenschaftliche Forschungs- und Entwicklungsvorhaben der Geschichte". In wenigen Kriegsjahren wurde (angeblich um dem Feind Nazi-Deutschland zuvorzukommen) eine ganze Industrie aus dem Boden gestampft. Aber der finanzielle Aufwand hat sich für die Regierenden ausgezahlt. Die US-Administration bekam die Atom-Bombe noch rechtzeitig, um den Krieg gegen Japan zu verkürzen und sich der Welt als erste Supermacht zu präsentieren.

Nach dem Krieg kam bald der Slogan von der „friedlichen Nutzung der Atom-Energie" auf. Die Propaganda für die Errichtung von Atom-Kraftwerken zur Strom-Erzeugung wurde erst leiser, als in Tschernobyl der „größte anzunehmende Unfall" (GAU) mit einem Atomreaktor passiert war.

Auch ohne GAU kann die Atom-Industrie ihre Herkunft aus den Kriegslaboratorien von Los Alamos nicht verleugnen. Sie ist genauso rücksichtslos und gefährlich wie der Krieg. Außerdem erlaubt sie den Betreibern der Atom-Anlagen die Beschaffung der Bombenbaustoffe Uran und Plutonium, und nicht zuletzt wird die Bevölkerung an das Leben mit der Kriegstechnik gewöhnt.

Die Gewöhnung ist in einem anderen Fall noch besser gelungen. Flugzeuge mit Strahltriebwerken wurden in denselben Kriegsjahren wie die Atombombe entwickelt und für Kriegszwecke gebaut, wenn auch auf der andern Seite der Front. Das ohrenzerstörende Getöse mit fakultativem Überschallknall verrät den martialischen Ursprung dieser Technik. Dass für die hohe Geschwindigkeit alle negativen Folgen weltweit in Kauf genommen werden, beweist den ungeheuren „Fortschritt" in der (Gewöhnung an die) Kriegskultur.

Aber schon sehr lange vor der globalen Industrialisierung waren die Rüstungsprogramme zerstörerisch und haben entsprechende Spuren hinterlassen. Die Flottenbauprogramme zum Beispiel, die in Jahrtausenden rund um das Mittelmeer aufgelegt wurden, waren und sind landschaftsprägend. Von den einstigen Wäldern sind nur kümmerliche Reste übrig geblieben.

Die edlen Griechen im Alten Hellas dachten noch nicht an Ökobilanzen, viel weniger an die Abschaffung des Krieges. Der Krieg war für sie eine Kunst. (Wörter wie „Kriegskunst", „Kriegsruhm", „Kriegsabenteuer", „Kriegsheld", die gut ins Alte Hellas passen, stehen aber noch als normale Lemmata im Duden. Das heißt nicht, die Zeit sei stehen geblieben. Nur das Zeitalter ist dasselbe.) Die mit reicher Beute beladenen Schiffe, die vom Raubzug heimkehrten an die karge Küste, waren blendende Beweise für den „Vater aller Dinge": Sklaven vor allem und andere nützliche „Güter", ferner interessante Ideen, spannende Geschichten und pfiffige Erfindungen. Dem Prestige der erfolgreichen Seefahrer hatten die Fischer mit ihrem bescheidenen Fang nichts entgegenzusetzen.
Die altgriechische Kriegskultur bestimmte den Alltag, das Denken und Handeln auch der Menschen, die nicht an Bord eines seetüchtigen Schiffes gingen. Selbst wenn sie aktiv an den Olympischen Spielen teilnahmen, die angeblich so heilig waren, dass während der Saison alle 4 Jahre Kriegshandlungen in ganz Hellas unterbrochen werden mussten; selbst in diesem Fall waren sie Teil der Kriegskultur. Die Leibesübungen zur Vorbereitung auf die Wettkämpfe in Olympia dienten nämlich der physischen und psychischen Ertüchtigung zum ritualisierten Krieg,

in dem es immer auch Todesopfer und etliche Verletzte gab.

Montaigne nannte solche „Spiele" (zu seiner Zeit besonders die Zweikämpfe im Fechten) „hirnlos und hart".

Es ist nicht schwer, sich vorzustellen, welchen „Spielen" und „Sportarten" der erste Essayist heute ein entsprechendes Prädikat verpassen würde. Marlene Streeruwitz übernahm die Aufgabe und drückte dem klassischen Theater den Stempel „Kriegsvorbereitungsstätte" auf.

Provokant daran ist allein die Wahrheit, dass es in der Kriegskultur kaum irgendwelche Anstalten gibt, die nicht auf den Krieg vorbereiten.

Die „Spiele" in Olympia waren nicht von ungefähr so „hirnlos und hart". Rituell bewahrten sie veraltete Kriegshandlungen, die durch die Feier der archaischen Heldentaten und durch die Leibesübungen zur Vorbereitung auf den realen Krieg noch zweckdienlich waren.

Es ist bis heute offenkundig, welchen völkerverbindenden Zwecken die olympischen Disziplinen dienten. Speerwerfen, Faustkampf, Rennen, Ringen, Diskuswerfen etc. In der Phalanx der Hopliten spielten diese Sportarten zwar keine Rolle mehr, aber auf Körperkraft, Geschicklichkeit und nicht zuletzt auf kämpferische Haltung kam es noch immer an.

So war es denn auch kein Zufall, dass die imperialistischen Europäer im Industriezeitalter sich auf die „Schönheit" der „Spiele" in Olympia besannen, sie aus der Versenkung hervorholten und glanzvoll wiederaufführten – nicht ohne die eine oder andere Neuerung wie etwa das Schießen mit Feuerwaffen.

Medien und Menschen sollten sich nicht über die Doping-Serien in Olympia und allgemein im Sport ereifern. Nicht Doping ist der Skandal; das fällt vielmehr unter die

Tricksereien und Techniken, die zum Krieg und seiner Kultur gehören. Der Sport oder die „Spiele" selbst sind der Skandal. Nicht bloß die vorsätzliche Körperverletzung beim Boxen. Der Sport an sich.

Der Krieg hat durch die Jahrtausende seiner kontinuierlichen Verbreitung über die Erde seinen Charakter als mörderischer, zerstörerischer und räuberischer Überfall behalten, freilich auch als Katalysator der „Zivilisation".

Die Förderung der kriegsrelevanten Wissenschaft und Technik war im Europa der vergangenen 500 Jahre besonders erfolgreich. In gut machiavellistischer Manier gewannen die Naturwissenschaften zunehmend das Wohlwollen der Obrigkeit. Nicht nur die Kartografie und Navigation auf hoher See profitierten davon. Auch die Kunst des Kanonengießens wurde fleißig favorisiert. Damit das schwerste Geschütz im Gefecht nicht zur Gefahr für die eigenen Mannen wurde, kümmerte sich ein vorausschauender Fürst beizeiten um Kanonenguss-Experten. Damit die Geschosse ihr Ziel nicht zu oft verfehlten, stellte er Kanoniere ein, die sich aufs Berechnen ballistischer Kurven verstanden. Ohne das richtig gemischte und trocken gehaltene Pulver ging natürlich kein Schuss los. Kurz: Neben metallurgischen und physikalischen waren chemische Spezialisten an ambitionierten Fürstenhöfen sehr gefragt.

Wenn die Regierenden eine Möglichkeit sahen, ihre Macht zu mehren, war ihnen jedes Mittel recht. So entstanden die königlichen Akademien nicht aus der wissenschaftlichen Neigung der gekrönten Häupter, sondern aus der Erwartung, dass die Investition außer Prestige noch handfest Nützliches zeitige.

Schädlich durften die Akademien auf keinen Fall sein. Also schloss ein Statut der Royal Society die Einmischung der Wissenschaftler in Fragen der Theologie, der Ethik und Politik rundweg aus. Geforscht werden sollte bitteschön zum Nutzen der Herrschaft, nicht aber zu ihrem Ärger.

Das Statut der Royal Society dokumentiert die fatale Asymmetrie der Forschungsförderung.

Wenn Friedrich 2 von Preußen scheinbar von der allgemeinen Regel abweicht, offen mit der „Aufklärung" sympathisiert, „in Religionsdingen" großzügiger ist als andere Majestäten und sogar einige lumières an seinen Hof in Potsdam einlädt, tritt er doch nicht ein Jota seiner absoluten Herrschaft ab. Als „Aufklärung" zum Schlagwort wurde, lag der König mit dem Image des *philosophe* voll im Trend und polierte seine Herrschaft mit dem Schein des Geistes auf Hochglanz. Dem gebildeten Europa war ja Platons Forderung geläufig, die Könige sollten Philosophen sein. Dass sich Friedrich wie kein 2ter Monarch in Europa dem Ideal näherte oder wenigstens den Anschein erweckte, es zu tun, nützte seiner Machtposition.

Die asymmetrische „Aufklärung" im Sinne der Machtmehrung durch Mehrung des Wissens ist jahrtausendelang massiv gefördert worden. Kritik an den Hauptpersonen und dem System der Herrschaft ist dagegen stets riskant gewesen und ist es noch.

Das ist system-immanent. Eine wesentliche Aufgabe der Macht-Eliten war und ist Wachsamkeit. Bedrohungen lauern überall. „Feinde" verkleiden sich als Freunde und schlagen plötzlich zu wie Brutus. Unablässig müssen die „Nacht-und-Nebel-Männer" entscheiden, was ihrer Macht- und Selbst-Erhaltung dienlich, mithin förderungswürdig ist oder aber schädlich und eventuell gefährlich. Dabei stehen sie mit den Rivalen um die Macht im evolutionären Wettkampf um die bessere, die schlagende Alternative, bei Strafe des Untergangs.

Für die „Aufklärung" heißt das, dass jahrtausendelang naturgesetzlich ihre herrschaftsfromme Komponente bevorzugt und gestärkt worden ist. Auf der anderen Seite fiel die herrschaftskritische, besonders die ethische Komponente der „Aufklärung" ebenso unabänderlich durch.

Nach 6 000 Jahren Subventionierung des Herrschaftswissens bei gleichzeitiger Verdrängung und Verfolgung aller Herrschaftsschelte verfügt der Oberkommandierende über mehr als genug Mittel, die ganze Menschheit und die Biosphäre zu vernichten. Hemmungen, das Vernichtungspotential einzusetzen, sind nicht zu unterstellen.

Herrschaftsfromm und biologistisch verblendet umschrieb Konrad Lorenz die welthistorische Schlagseite so: „Sähe man als unvoreingenommener Beobachter den Menschen, wie er heute dasteht, in der Hand die Wasserstoffbombe, die ihm sein Geist beschert hat, im Herzen den von Anthropoiden-Ahnen ererbten Aggressionstrieb, den seine Vernunft nicht zu meistern vermag, man würde ihm kein langes Leben voraussagen! Betrachtet man nun gar diese Situation als mitbetroffener Mensch, so erscheint sie als irrer Angsttraum."

Geschichtslos und strukturblind, das heißt, volkstümelnd versimpelt ist vom Menschen die Rede, nicht aber von der unmenschlichen Machtverteilung, nicht einmal vom alles überwuchernden Machttrieb. Schon gar nicht von den Regierenden, die längst kein Problem mehr lösen, sondern selbst das größte Problem sind.

Erst die vergangenen 100 Jahre haben an den Tag gebracht, in was für eine evolutionäre Sackgasse die Menschheit durch das forcierte Wahn & Gewalt-Programm der machtkranken Eliten manövriert worden ist. Aus uralter Gewohnheit, altehrwürdiger Tradition und systembedingter Notwendigkeit haben die Regierenden weiter die herrschaftsfromme Forschung, vor allem die kriegsrelevante Naturwissenschaft und Technik mit verschwenderischen Aufträgen und Zuschüssen subventioniert, Kritik jedoch allenfalls geduldet, meist aber „ausgeschaltet". Und beides mit durchschlagendem Erfolg. Auf der einen Seite türmen sich die Waffen im Overkill-Arsenal, auf der andern verkommt die Menschheit in atavistischer Konkurrenz.

Die bronzezeitlichen Machtstrukturen lasten wie ein Eiszeitgletscher auf allem. Aber die Regierenden verhöhnen täglich den von Mensch und Erde herbeigesehnten Klimawandel. Anklagen wegen Machtmissbrauchs oder Verschwendung von Steuergeldern hätten keine Aussicht auf Erfolg. Die Rügen der Rechnungshöfe haben ja auch nur statistischen Wert. Die Regierenden sind nun mal wie das ganze System der Macht an keine Vernunft gebunden.

Literatur

Ahlheim, Karl-Heinz (Hg.), Schüler Duden Pädagogik, Mannheim 1989

Bakunin, Michail, Philosophie der Tat, Köln 1968

Behling, S. u. S., Sol Power, München/New York 1996

Bender, E. (Hg.), Deutsches Lesebuch, Karlsruhe o.J.

Brockhaus, der Große, 16. Aufl., Wiesbaden 1952

Burckhardt, Jacob, Weltgeschichtl. Betrachtungen, Stuttgart 1978

Burke, Peter, Papier und Marktgeschrei, Berlin 2001

Cipolla, Carlo M., Wirtschaftsgeschichte und Weltbevölkerung, München 1972

Condorcet, Entwurf einer historischen Darstellung der Fortschritte des menschlichen Geistes, Frankfurt 1976

Darwin, Ch., Die Entstehung der Arten, Stuttgart 1998

Deschner, Karlheinz, Kriminalgeschichte des Christentums, Reinbek 1994

Duden, Das große Wörterbuch der dt. Sprache, Mannheim 1977

Encyclopædia Britannica 2001, CD, Oxford o.J.

Engelmann, B., Wir Untertanen, Frankfurt/Main 1977

Fox, G., The Journal of George Fox, Cambridge 1952

French, Marilyn, Jenseits der Macht, Reinbek 1992

Galtung, J., Strukturelle Gewalt, 3. Aufl., Reinbek 1978

Hegel, Georg W.F., Philosophie der Geschichte, Stuttgart 1980

Hirschelmann, Ferdinand (Hg.), Schüler Duden Geschichte, Mannheim 1988

Hobbes, Thomas, Leviathan, London 1962

Hochhuth, Rolf, Täter und Denker, Reinbek 1990

Horkheimer/Adorno, Dialektik der Aufklärung, Frankfurt/ M. 1984

Jung, Carl G., Von den Wurzeln des Bewusstseins, Zürich 1954

Kant, Immanuel, Der Streit der Fakultäten, Berlin 1968

Kant, Immanuel, Zum ewigen Frieden, Stuttgart 1965

Kinder/Hilgemann, dtv-Atlas zur Weltgeschichte, München 1989

Kropotkin, Peter A., Memoiren eines Revolutionärs, Münster 2002

Laotse, Frankfurt/Main 1955

Le Roy Ladurie, Emmanuel, e.a., Vom Umschreiben der Geschichte, Berlin 1986

Lenk, H. (Hg.), Wissenschaft und Ethik, Stuttgart 1991

Lippmann, Walter, Public Opinion, New York 1997

Lorenz, Konrad, Das sogenannte Böse, Wien 1971

Malthus, T.R., Das Bevölkerungsgesetz, München 1977

McClellan/Dorn, Science and Technology in World History, Baltimore 1999

Meadows, Dennis, e.a., Die Grenzen des Wachstums, Reinbek 1978

Meslier, Jean, Das Testament des Abbé Meslier, Frankfurt/M. 1976

Milgram, Stanley, Das Milgram-Experiment, Reinbek 1982

Montaigne, Michel, Essais, Frankfurt 1998

Morris, D., Der Menschen-Zoo, München/Zürich 1969

Ploetz, Der Große, 32. Aufl., Frankfurt/M. o.J.

Polack, F., Geschichtsbilder, 12. Aufl., Gera 1889

Porter, Roy, Kleine Geschichte der Aufklärung, Berlin 1995

Prideaux, T., De Cro-Magnon mens, Eindhoven 1973

Rifkin, Jeremy, Beyond Beef, New York 1992

Roy, Arundhati, Die Politik der Macht, München 2002

Russell, Bertrand, Philosophie des Abendlandes, Wien/ Zürich 1988

Sandars, N.K., The Epic of Gilgamesh, London 1960

Sapir, Edward, Die Sprache, München 1961

Schopenhauer, Arthur, Freiheit des Willens/ Grundlage der Moral, Zürich 1977

Schweitzer, Albert, Die Weltanschauung der indischen Denker, München 1987

Selig/Wieland (Hg.), Die Welt der Encyclopédie, Frankfurt 2001

Sloterdijk, Peter, Kritik der zynischen Vernunft, Frankfurt 1983

Spengler, Oswald, Der Untergang des Abendlandes, München 1979

Störig, Hans J., Kleine Weltgeschichte der Philosophie, Frankfurt 1989

Toynbee, Arnold, A Study of History, New York 1988

Toynbee, Arnold, Menschheit und Mutter Erde, Frankfurt/ Berlin/Wien 1982

Tuchman, Barbara, Die Torheit der Regierenden, Frankfurt 1997

Turnbull, Colin M., The Forest People, New York 1961

Veblen, T., Theorie der feinen Leute, München1971

Vormweg, Heinrich, Das Elend der Aufklärung, Frankfurt 1997

Watt, W. Montgomery, Der Einfluß des Islam auf das europäische Mittelalter, Berlin 2002

Weyer, E. M., The Eskimos, New Haven repr. 1969

Windelband, Wilhelm, Lehrbuch der Geschichte der Philosophie, Straßburg 1892

Wittkop, Justus F., Unter der schwarzen Fahne, Frankfurt 1989